ちくま文庫

小津映画　粋な日本語

中村明

筑摩書房

目次

小津映画　粋な日本語

文章の流れをできるだけ中断しないよう、本文中の配役名は原則として初出の箇所のみに示した。

詳細は巻末の主要配役一覧を参照されたい。

（著者）

一　小津映画の美意識

こだわりの美学

何でもないことは流行に従う、重大なことは道徳に従う、芸術のことは自分に従う。小津語録にある特に有名な発言である。ただし、「芸術」という語には註釈が必要だろう。

芸術家と言われるより芸人と言われたほうがぴんと来るし、芸の虫ならなお結構と言ってはばからない小説家の里見弴《とん》が、小津安二郎と組んでテレビのシナリオを書いた思い出を語っている。自分は書かずに里見に書かせ、その原稿が小津にまわったら最後、ここはこういうふうにいきましょうと、里見の書いた文字がほとんど残らないほど、すっかり書き直してしまったという。

理屈や観念からではなく、人と人とのふれあいから生まれる作品は、芸術呼ばわりされると、里見は片腹痛く、尻こそばゆい感じらしい。小津も「芸術」という偉そうな語に拒絶反応が強く、映画は芸術じゃないというのが口ぐせだったそうだ。「小津調」と呼ばれる小津映画の世界。それをビフテキでもトンカツでも海老のてんぷらでも鯛の刺身でもなく、ことさら「豆腐」になぞらえ、豆腐屋は豆腐しかつくらないとその信念を貫いたのも、どこにでもある日常の暮らしに対するこだわりかもしれない。

家の中でくつろぐときは和服。撮影所では、真っ白な長袖のワイシャツに、これも一度に一ダースも誂《あつら》えたという真っ白なピケ帽という、あのおなじみのいでたちだ。そして、外出の際はチャコールグレーのスーツにソフト帽。洋服を新調するときに、同じものを五着も注文したという逸話も残るほどの徹底ぶり。

巷にあふれる現実の浴衣は、暑苦しいのも野暮ったい柄も目に入るのに、小津映画に出てくる多種多様の浴衣はどれも洗練されて見えるという。着る人に似合うかどうかに関係なく、自分好みのものを着せるという指摘もある。着るもの一つにも、けっして流行ではなく、自分に従ったように見える。着るものだけではない。今の女性はそんなことをしないと忠告されても、そんな女は嫌いだと相手にしない。小津映画における存在感とは、実際にそういう人物がいるかどうかよりも、小津の世界に合うか否かが優先されるのだ。

芸の虫であった肝腎の映画にあっては、なおさらだ。小津が独身の身でみずから仲人をつとめた佐田啓二の妻、中井益子（のちに麻素子）の証言によれば、朝寝、朝酒、昼寝、晩酌をしていても、頭の中はいつも働いているのだと笑っていたという。

これがその場限りの冗談でない証拠に、シナリオの共同執筆をした野田高梧は、小津からこんな体験談を聞いたそうだ。出征中に敵の夜襲を受けた折、消した焚き火の跡にその敵弾が落ちて火の粉が散り、そのたびに自分たちの影が後ろの家の壁に映るのを見て、これは映画で使えるなと思ったらしい。また、狙撃してきた敵に向かって応射した弾が、偶然にも杏《あんず》の枝をかすめ、思いがけなく白い花がはらはらと散る風景に目を奪われたともいう。このあたり、戦場にあってもまさに職人魂である。

服装がそうであったように、理屈に合おうが合うまいが、映画は自分の思うように撮るという覚悟を語ったことばだったのだろう。映画はこう撮るものだという一定のきまりはない。むしろ、すぐれた映画が独特の文法をつくりだすのだ、と考えていたふしがある。有名なローアングルのカメラワークをはじめとする独特のスタイルは、小津映画が生み出した文法であり、それが末永く小津の世界を形づくることとなる。

カメラが首を振ることも拒否し、映画の得意とする自由奔放な視覚性に背を向けてまで、小津が頑なに守り通した、このローアングルの手法は、映画監督の新藤兼人によれば、あぐらをかいて背をかがめた眼の位置から、腰をすえて見つめる撮影らしい。カメラが上下左右に自由にパンすることをあえて拘束するこの手法の潔癖さから、端正な様式美が生まれるのだというのである。

江戸の下町情緒をまだ色濃く残していた深川の町に、安二郎は生まれた。大正十二年の関東大震災という自然災害に見舞われたあとも、昭和二年の晩夏にしたためた書簡に、「おやじが名ばかりの庭に打水をしたり、おふくろがほんのり夕顔の白い宵明りに浴衣を畳んでいる」と記し、「こんな事がひどく今の俺を落ちつかせてくれる」と続けている。だが、昭和二十年の東京大空襲という今度は人為的な災禍により、その情景は一変した。戦後になって小津は永代橋から東へ行きたがらなかったらしい。きっと心にやきついて離れない生地の情趣のすっかり変わり果てた姿を見たくなかったからにちがいない。

郷愁さえ感じさせる東京の伝統的な町の名を、便宜だけのために次々と無神経に変更してゆく、戦後のあのセンスなき暴力行為も快く思わなかったようだ。映画評論の津村秀夫は言う。江戸情緒の名残の中でこそ映えた永井荷風の戦前の作品。空襲でその情緒も吹き飛び、変わりゆく東京を、荷風はののしりながらも愛しつづけた。が、旧東京の残骸を前にして同じく途方に暮れた小津は、やがて舞台を鎌倉に求める。

小津映画では、『彼岸花』以降、洋服姿より和服姿のほうがモダンに感じるという中野翠の指摘もある。西洋建築にない障子は、不便だが気持ちが満たされ、さっぱりした贅沢だという見方も披露される。福田恆存によれば、便利さは快楽とつながるが、幸福とはつながらない。そのため、世の中に便利さが増えれば、それだけ落ち着きが失われ、人びとは幸福から遠ざかるという。落ち着いた心地よさこそが幸福なのだと考えれば、そのとおりだろう。近代化が必ずしも幸福を招かない事実はそれで納得できる。

安二郎の母親は襦袢を縫っている途中で眠くなって運針の乱れた箇所に気づくと、ほどいて縫い直す。そのとき、自分が死んでもこの襦袢は残るからと言ったらしい。みっともないまねはできないという気持ちなのだろう。そのことばを日記に書きとめた小津は、自分も恥ずかしくない映画を撮ろうと心に誓ったという。いい姿でいつまでも残る。そこにこそ美を感じる。それは単なる懐古趣味とは違う。いつまでも古くならないものこそ新しいという価値観にたどりついたのだろう。要は、誠意が名品を支えているのである。

大仏《おさらぎ》次郎の原作を映画化した『宗方姉妹《きょうだい》』の中で、田中絹代の扮する節子が、高峰秀子の扮する妹の満里子に「古いわよ！　古い古い、お姉さん古い！」と言われる場面がある。節子は「あんたの新しいってこと、どういうこと？」と反問し、「ほんとに新しいことは、いつまでたっても古くならないことだと思っているのよ」と自分の考えを述べる。英国とは違い、「古い」という形容詞がなぜかそれだけでマイナス評価を含むという日本語のニュアンスをひきずり、「新しい」という形容詞にプラスの評価を仮定した議論である。

そこから具体論に展開し、「あんたの新しいってことは、去年流行った長いスカートが今年は短くなるってことじゃないの？」、「みんなが爪を紅くすれば、自分も紅く染めなきゃ気がすまないってことじゃないの？」、「明日古くなるもんだって、今日だけ新しく見えさえすりゃ、あんた、それが好き？」と畳みかける。なんだか小津の考えを代弁しているように思える。

続いて、「戦争中、先きにたって特攻隊に飛込んだ人が、今じゃそんなことケロリと忘れて、ダンスや競輪に夢中になってるじゃないの？　あれがあんたのいう新しいことなの？」と、妹を問い詰める節子のことばなどはなおさらだ。まさしく、戦後日本のあさはかな世相を嘆き、あまりにも変わり身の早い日本人の、まるで掌を返したような態度に、誠実さを失った人間の危うさを感じる小津安二郎の本音であり、持ち前の正義感が思わず飛びだしたように思われてならない。

ぴしりと鞭打つ姉の見幕に驚いた満里子は、笠智衆の扮する父親の判断を仰ぐ。すると父もやはり、「人がやるから自分もやるっていうんじゃつまらないね」という意見だ。附和雷同する軽佻浮薄な風潮を戒めたのだろう、「よく考えて、自分がいいと思ったらやるんだよ」と導き、「自分を大事にするんだね」とやさしく諭す。

映画では、その後、節子は、荒れてあまりにひどい仕打ちの続く夫、山村聰の扮する三村亮助と離婚する決意を固め、結婚前から自分を待ってくれている上原謙の扮する田代宏の胸に飛び込む約束をする。ところが、その夫が急死する。病に倒れたとはどうしても思えない不自然な死に方を知って、節子は宏との再婚をあきらめる。それほどの目にあってまで、どうして幸福の道をみずから捨てるのかと訝る妹に、「あたし、自分に嘘つかないことが一番大事なことだと思ったの。だから、いいのよ、これで」と言い放って、節子は、晴れた日の京都御所の脇の白い道を、満里子と肩を並べて歩き去る。

昔から節子を思い続け、ようやく思いの叶う日を目前にした宏の気持ちもそれで済むとはとうてい思えないが、たしかに幸福の夢をみずから振り捨てた節子は、自分の心に忠実に生きたとは言える。その意味で、人生から借りをなくすることを生活信条とした安二郎の倫理観を実践したと言えなくもない。ともあれこのラストシーンは、小津映画の美意識のひとつの形であったことは否定できない。

日常生活のスケッチ

お芝居的な演出を極度に嫌う小津は、プロットというものに重きを置かなかった。昭和十三年の『陣中日誌』の「覚え書」に「批評家が小説の内容としているものと、僕が考えている内容とは違う」と書いている。ここは志賀直哉の言葉に感動して書いているので、映画の話ではないが、批評家が材料と内容とを混同していることを指摘し、材料なんかは何だっていい、西鶴の作品を読めば明らかだと言っているのである。

事実、『自作を語る』の中で、映画『秋日和』において、劇的な要素をことごとく取り去り、泣かさないで悲しみの風格を出すように心がけた、と振り返っている。「泣かさないで」というのは、俳優が泣く場面を設けずに、という意味だろう。このように当人の述懐するとおり、劇的な起伏を描かずに、それでも観客に人生というものを感じさせるのが、小津映画の理想とするところであった。津村秀夫は、『麦秋』などを例にして、こういう日常茶飯的なスケッチをとおして、人間の心のふれあいのドラマティックな高まりをなにげなく表現する小津のスタイルは、「余人の真似のできない独特の名人芸」であり、「見る者に人生の美しさを嘆ぜしめる」と評している。ストーリーを重視しすぎると、登場人物がどうしてもその筋書きに束縛され、複雑で時には論理だけで説明できない現実の人間らしさが発揮できない、ドナルド・リチーはそう指摘する。ほんとの英雄もまったくの悪人も登場しない小津映画では、あらすじなど二、三行も書けば済むという。ストーリーなど、そこでは出来事に対するそういう人間たちの行動パターンを示す口実にすぎず、結果としてエピソードの連続に近い展開になるというのである。

そう考えると、佐藤忠男が、『晩春』や『麦秋』について、ドラマというより家族の日常生活の記念アルバムに近いと評するのも納得がいく。そして、それはその二作品に限ったことではない。宇野邦一によれば、人間の行為を同じく〈受動〉と見なしながら、それを内部の葛藤として執拗に考えぬく吉本隆明が、それを自然として外から静観する小津映画を全否定するほど、小津は奇跡的と言えるまでに〈凡庸〉に徹した作者だった。

貴田庄は、スポーツや飲食の場面を真剣に描いた点こそ、溝口健二や黒澤明や成瀬巳喜男といった他の監督の作品には見られない小津映画の特徴だとした。なにげない日常をそのままフィルムにおさめた小津の手法を特筆している。

リチーはそういう小津映画の家族が好んでする気晴らしは、足の爪を切ることだという。気晴らしに相当するかはともかく、これもまたなにげない日常をフィルムにおさめた好例だ。そういうトリビアリズムが日常生活をさりげなく点描する演出である。そういえば、「秋の夜長に爪をきる」だとか、「古新聞のその上に爪の切屑集めつつ」だとかといった安二郎の毛筆の歌稿が残っている。だが、足の爪は手ほど早くのびないから、本物志向の強い監督の要望にいつでも応じられるよう、俳優は日ごろから心して手入れを怠っているのだろうか。

洗濯物がひるがえるシーンも、日常のひとこまとして小津映画のシンボルとなっている。物干し台で風になびく洗濯物の一景は、日が移って朝になったこと、その家庭生活が円満に営まれていることを伝え、またかけがえのない一日が始まることを暗示する。

こういう日常生活の写真をつづりあわせた小津映画という記念アルバムの中に、『麦秋』を例外として、一家団欒という形での食事の場面が欠如している、という指摘がある。言われてみればたしかに、『彼岸花』や『秋刀魚の味』では西銀座の若松、『秋日和』では築地の料亭など、小津映画では笠智衆か佐分利信と中村伸郎・北龍二といった気のおけない間柄の連中がくりひろげる酒盛り風景ばかりが印象に残る。昔の同級生の集まりが多いのは、監督の小津安二郎もシナリオの共同執筆者野田高梧も、それぞれの旧制中学の同窓会などにまめに出席した経験が、その場面の下地になっているらしい。

ただし、小津自身の言によれば、小料理屋で気の合った仲間どうしが適量の酒を飲みながら歓談する場面が多くなるのは、自身の私生活がそうだからというより、第三者の眼にそれがいかにも楽しそうに映るからだという。三十一歳で父親を亡くし、また、当人が結婚して家庭を持つという経験もなかったため、一家団欒という形での食事の実感がとぼしかったことも影響しているにちがいない。

男の孤独

なるほど映画『東京物語』にも家族の食事場面というものは出てくる。尾道の海岸通りの古い料理屋で、平山周吉（笠智衆）とその長男の幸一（山村聰）、長女の志げ（杉村春子）、戦死したと思われる次男の嫁の紀子（原節子）、三男の敬三（大坂志郎）、それに末娘、次女の京子（香川京子）という六人が、家族として一つのちゃぶ台を囲むシーンがそれだ。しかし、それは葬儀の帰りであり、本来ならそこにあるはずの老妻とみ（東山千栄子）の姿が欠落している。観客にもまた、団欒の楽しさどころか、むしろ哀切きわまりない喪失感が迫ってくる場面だろう。

これというストーリーの目立たない小津映画にも、むろんテーマというものはあり、『自作を語る』として小津監督自身がそれに言及する場合もある。『麦秋』はおおよそこんな話だ。間宮周吉（菅井一郎）と志げ（東山千栄子）の老夫婦、その長男の康一（笠智衆）と妻の史子（三宅邦子）、その子供である男の子が二人、それに康一の妹の紀子（原節子）という三世代にわたる七人が暮らしている鎌倉の家に、周吉の兄の茂吉（高堂国典）が大和から出て来て、しばらくにぎやかに過ごす。やがて、紀子は子持ちの男と結婚して秋田へ向かうことになり、茂吉の勧めで周吉夫婦も隠居して大和へ帰ることとなって、大勢で暮らしていた家族はばらばらになる。

筋らしい筋といってはこんなものだが、小津自身はそんな物語より、もっと深い輪廻というか無常観というか、そんなことを描きたかったらしい。昔は周吉夫婦も若かったし、今では耳が遠くなったその兄の茂吉でさえもそのころは若かった。逆に、今の子供たちもいずれ順ぐりに人生のそんな時代を経て老いてゆく。そんなあたりが、ここでの「輪廻」のイメージだろう。

このようなテーマは、むろん、この『麦秋』だけに流れているわけではない。それに先立つ『晩春』でも、最後に紀子（原節子）は結婚して、父親を残して家から出て行く。その結婚相手が画面に登場しないので、たわむれに花婿失踪事件と呼ぶ人もあるそうだ。

幸せいっぱいのその紀子が、四半世紀を経て『秋日和』の秋子（原節子）という未亡人となり、娘のアヤ子（司葉子）と暮らしている。その一人娘のアヤ子も最後には後藤（佐田啓二）と結婚して、母親をひとり残して家を出て行く。やがてその若いアヤ子も、やはり母がたどった道を歩むだろう。浜野保樹は、その行く道にも「多くの試練が待ち受けている」ということばで、予感を語っている。

小津映画の中の大人は、今の観客の眼には水くさく感じられるまでに礼儀正しく、子供たちは逆に礼儀知らずで乱暴なように映る。が、小津はあの子たちも大きくなるにつれてそれなりに変わってゆくはずだと考えているらしい。西欧文化で何よりも若さが謳歌されるのとは対照的に、日本には年齢を加えるほどに人間として成熟するという考えがある。歌人の窪田空穂は「老いの艶」という表現を用いたという。

しかし、小津映画の中にはそれほど理想的な大人が登場するわけではない。『晩春』で、心にもない自分の再婚をほのめかして、躊躇する娘に結婚を決意させる曾宮周吉（笠智衆）は、孤独に耐えようとするその心のうちを知った、娘の友達北川アヤ

（月丘夢路）に、「小父さん、いいとこあるわ！　とても素敵！　感激しちゃった」と絶讃される例外的な場面もあるが、全体として大いに尊敬に値する立派な大人が出てくるわけではない。

むしろその逆に、人間らしい欠点をそなえたごくふつうの登場人物が多い。『小早《こはや》川《がわ》家の秋』の隠居の万兵衛（中村鴈治郎）は、いつまでも色好みが抜けず、いい齢をして、家族の眼を盗んでは、昔の女のもとに通う。『お早よう』の大久保善之助（竹田法一）はオナラの名人として子供に一目置かれているが、そんな芸は世間の賞讃には縁遠い。教師あがりで中華そば屋燕来軒の老店主となった『秋刀魚の味』の佐久間清太郎（東野英治郎）は、娘を嫁にやりそこね、ぶざまに酔いつぶれてばかりいる。『彼岸花』の平山渉（佐分利信）も、当人が気がつかないまま、家庭の内と外とで矛盾した理屈を述べる。この佐分利または笠智衆の昔の同級生として、この作品のほか『秋日和』や『秋刀魚の味』にも登場する中村伸郎や北龍二の演ずる中年男を含めて、時にチョイわる三人組とささやかれる小父さんたちにしても、たがいに相手をかついだり、愚にもつかない冗談で店の女将をからかいながら酒を酌み交わしたり、けっしてほめられた大人たちではない。むろん、それは男だけではない。『お早よう』で的はずれの勘ぐりをくりかえす杉村春子・高橋とよ・長岡輝子らの演ずる中年女たちも同様だ。

『早春』の終わり近くで、瀬田川の水上を京大のクルーの漕ぐボートが滑ってゆくのを眺めながら、小野寺（笠智衆）が「あの時分が一番いい時だなア」と杉山（池部良）に話しかけ、「あの時分が人生の春だねえ」とくりかえすシーンが出てくる。だが、これは単純な青春讃歌ではない。将来に夢を抱いて潑剌と活動している他人を羨みながら、自分のその時期がすでに失われたことを嘆いているのである。

とても偉いようには見えない、そんなたわいもない大人の世界を肯定して、明るい場面を表に出す小津映画では、若さは未熟さをも内包するから、子供たちは基本的に粗野で奔放に描かれる。そういう子供でも、親のしつけで少しは礼儀をわきまえるようになり、大人に近づくにつれて家庭内でのことばづかいも次第に丁寧になってゆく。佐藤忠男は、行儀作法は他人への配慮を示すことだから、成人することは、その意味で、親に対して他人の関係に入ってゆくことだと見る。たしかに、そのとおりだろう。

結婚はそういう変化の決定的な契機となる。それは二人の新しい旅立ちであると同時に、それまでともに暮らしてきた親と子が離れ離れになる瞬間でもある。親から見れば、身近でたがいに甘え合ってきた家族が、そういう形で一人、また一人と自分のもとを去ることであり、次第に老いてゆく人間の孤独感が刻々と強まる試練につながる。

『東京物語』は、親と子が年齢を重ねるにつれて、家族制度というものがどのように崩壊してゆくかを描いた作品で、自作の中ではメロドラマの傾向が強いと、小津自身が述べている。『東京暮色』についても、世間の眼は、杉山明子（有馬稲子）という若い女の子の無軌道ぶりに注がれやすいが、監督の意図としてはそれは引き立て役にすぎず、その父親、妻に逃げられた夫としての杉山周吉（笠智衆）がそれからどう暮らしてゆくか、という点を中心に描こうとしたのだと述懐する。

とすれば、『秋日和』で平山（北龍二）の息子幸一の役を演じた俳優の三上真一郎が、小津映画のテーマは「男の孤独」だとふりかえることと呼応する。その『秋日和』だけは母親の三輪秋子という女の孤独に入れ替わるものの、多くの小津映画ではたしかに男親の孤独が中心テーマとなっているように思われる。

『晩春』でひとり娘の結婚披露宴をすませて、しょんぼりと帰宅した曾宮周吉が、娘の出て行った人気のない部屋で、そのまま力なく椅子に腰を落とし、林檎の皮をむく姿は、さしずめ孤独を託《かこ》つ男親の象徴的な姿だったと言えるだろう。

『東京物語』も、妻を喪った老人の孤独の予感で幕となる。やたらに形見をほしがる現実的な長女と対照的に、子供たちに多くを期待するでもなく、自身の今後の不安を口にもせず、戦死したとしか考えられない次男のその嫁の心やさしさに、ひたすら感謝し続ける父親平山周吉の覚悟のみごとさは、幕が閉じても、観客の心に深く刻まれることだろう。

余白と後味

小津映画でもう一つ大事なのは余白である。芝居は何もかも出してしまうのでなく、表現しない余白の部分が、作品の後味のよさを引き出すのだと、自作の映画『麦秋』に関連して小津自身が語っている。新書判の『志賀直哉全集』の刊行にあたり、小津の寄せた推薦文には、この敬愛する作家についてこんな感想を述べている。それはまず、「志賀先生にお目にかかると、いつも、それからしばらく、何とも云えない爽かな後味がのこって、僕の心のどこかを、涼しい風が吹き抜けます」と始まる。そして、「清澄な後味が爽かな風となって、どなたの心の中にも吹きぬけると思います」と結ばれている。

また、昭和十四年一月末日の日記に、小津は「では、けれど、だけれど、だがしかし、こんなもろもろの接続詞は無い方がいい」と記したという。雑誌の作家訪問の連載企画の第二回として、東京荻窪の自宅に井伏鱒二を訪問した折、風景描写に「しかし」や「そして」は要らないということばを、この作家の口から直接聞いた。小津もまた、映像は説明でなく描写でなければならないという表現観を抱いていたのだろう。事実、悲しい場面でことさら悲しい表情をつくる俳優の説明的な演技を嫌うほど、描写主義に徹していたことがうかがえる。最後の小津映画となった『秋刀魚の味』で、父親を残して嫁ぐ娘路子の役を演じた女優の岩下志麻も、よほどのことがないかぎり、人間は感情を顔に出さないものだと、小津に教えられたという。「人間」という語を、たしなみのあった時代の日本人の大人という意味に解すれば、表情から心の中を探るのが難しかったことは事実だろう。

含蓄というものの大切さを説く谷崎潤一郎の『文章読本』を読み、そこで絶讃された『城の崎にて』をはじめとする志賀直哉の作品を愛読した小津は、事細かく説明するうっとうしい文章の愚かさが身にしみてわかっていたのだろう。映画でも、観客が見たがるものは隠せと指導したらしい。その結果、小津映画の場合、見る側でその余白を埋めなければならず、それが負担になる観客は遠ざかる。結果として観客を選ぶこととなり、それが興行成績に影響することがあったとしても、映画はストーリーやテーマよりも、見終わったときの後味だと信ずる小津にとって、そのいい後味を残すための余白、という一点はけっして譲れないものであったろう。

『麦秋』で矢部たみ（杉村春子）が、紀子の前で、どだい無理だと思いながら、子持ちのやもめ暮らしの息子（三本柳寛）の再婚相手に、という話を切り出したとき、思いもかけず紀子は即座に受ける。そのことを紀子が家に帰って兄の康一に伝えるとき、「小母さんから言われた時、すーッと素直な気持になれたの」と言うことに注目したい。

志賀直哉は、心におのずと去来する好悪の情を、自身の道徳の規準として生きた。小説『和解』の感動的なラストシーンを思い出そう。永年確執の続いた父と息子が、たがいに涙を流しながら和解する。そのとき主人公の「自分」は素直な気持ちになって、この和解が永遠に続くことを確信する。今度こそはと思うのは、自分の意志や希望によってではない。この和解こそほんものだと判断する根拠は、理屈では説明できない。自然にわきあがる素直な感情だということに尽きる。

おそらく、畏敬する作家志賀直哉の存在、その志賀と会って話したあとの爽やかな印象、そのいい後味をつくりだす表現の余白、それが小津の三段論法だったのだろう。

基本は素顔

小津のそういう美意識に照らせば、おどろおどろしい芝居仕立てには向かわず、ちょっとした日常生活のひとこま、ひとこまをつづりあわせた、いわばスナップショットのアルバムの中に、自然に人情の機微を浮かびあがらせ、時には家族の結びつきの危うさを、時にはそういう人間という存在のいとおしさを、気どらずに描きとる方向をめざしたのは、ごく自然ななりゆきであっただろう。

その小津映画の中に家族の間の直接の愛情表現が出てこないのは、家族というものが健在だったからである。家族がたがいに相手をどんなに大事に思っていても、それはあたりまえのことだから、日本の健全な家庭ではそんなことをいちいち口に出して言わない。直接その愛を語り合うのは他人行儀であり、そうしなければ人間関係が保てないというのでは、すでに家庭崩壊のきざしが見え始めた危険な状況かもしれない。たがいに思い合っていることは、他人の口をとおして間接的に耳に入るか、それぞれのちょっとした所作や態度などからおのずと感じとれるか、シナリオの段階でも小津はそういう自然さを大切にしていたように思われる。

だから、俳優が演技しすぎることを小津監督は極度に嫌う。たとえば銀座の街角に立って、そこを通る人の群れを眺めたとする。それを仮に映画の一場面だと思って見ると、演技がまずくて使えないという人はほとんどいない。そんな例を出して、自然のまま描きとることがいかに大事かを説いたという。

演技のうまいまずいよりも、人間として信頼できるかどうかに重点を置く小津は、ちょっとうまい人にうまがられるのが一番困ると思っていたようだ。演技が少々うまいからといって、俳優が技巧に走って自分の演技力を見せびらかすような行為は、そういう小津にとってどうにも我慢がならなかったのだろう。その迷惑な気持ちを、「うまがられる」という独特の受身の言いまわしで表現してみせた。何よりもまず、それは人間としてみっともないと言いたいのだろう。

カメラを向けると、たいていの俳優はいいところを見せようとする。が、珍しくそういう愚劣な意識が見られないという理由で、長い間まともな役がつかずに大部屋でくすぶっていた笠智衆を抜擢したらしい。後年、山田洋次監督の寅さんシリーズで、葛飾柴又の寺の和尚役を務めたこの俳優の「御前さま」ぶりを見ても、けっして器用とはいえない朴訥ぶりが存在感を高めていることがわかる。その当時も、不器用な俳優という周囲の批判を無視し、小津は不器用な男だから使うのだと開き直って使い続けたという。

小津映画『宗方姉妹』で共演した女優の高峰秀子も、この笠を、けっして器用とはいえないが「誠心誠意」という四文字が着物を着たような人物だと評したらしい。小津はまさにそういう人間としての誠実さを買って、演技をしないこの俳優を起用したのだろう。昭和三十五年十二月十日の日記に、小津が、危険なのは技巧そのものではなく、技巧を駆使する小器用さであり、それは真面目さの不足をごまかしているのだ、という意味の芥川龍之介のことばを書きとっているという事実からも、人柄を見込んで配役をきめるという伝説的な小津神話が嘘でなかったことが立証できるだろう。

昭和十六年に発表した『映画演技の性格』という文章で、小津は俳優の心構えを説いている。舞台を照らす人工的な光線とは違って、映画の雰囲気をつくる光は高度の写実性を発揮できるから、舞台に登場する役者のような厚化粧は向かないとし、よほどの老け役ででもないかぎり、映画俳優は素顔が基本だ、というのが小津の理論である。凝ったメイクアップでカメラの前に立つと、ことさら芝居をしなければという気持ちになりやすいのだという。舞台化粧だけのことではない。自分の作品に表情は要らないと言い、表情をつくると、かえって性格の表現のじゃまになるとまで考えていたようだ。昭和十七年の映画『父ありき』のころ、あの朴訥な笠智衆でさえ、喜怒哀楽を表情に出しすぎると言われ、顔でなにか表現できるなどと考えるな、顔は能面でいいと注意されたことを、小津の最後の弟子である映画監督の井上和男が佐藤忠男との対談で証言している。

その対談相手の佐藤忠男は、小津が一流の人気女優を何人も起用しながら、そのうちの誰にも複雑な演技を要求しなかった事実を指摘し、しゃんとした姿勢、日本の女の立居振舞のみごとさを、いわば美しい眺めとして演出したのだ、という注目すべき解釈を示した。もしそうであるなら、それぞれが小津好みの姿となるまで、あれだけの大女優たちが厳格な監督の指示に忠実に従う必要があった。初期の映画『美人哀愁』に芳江の役で出演した井上雪子に、最後に死ぬ役を与え、静かに寝ていればいいと指導したという。指示どおり静かにしているうちに井上はほんとに眠ってしまったらしい。するとお見通しの小津は、もう死んだから起きてもいいよと声をかけたそうだ。

笠智衆の証言によると、小津はハプニングを好まず、演技も小津作品だったことが偲ばれる。『宗方姉妹』の一場面、料亭で田中絹代と料理を食べるシーンでの失敗談だ。空のお椀でテストをしたあと、汁を盛りつけて本番に入った。急に重くなったので手がふるえ、こぼれそうになった。あわてて一口すったら、浮いていた三つ葉が口にひっかかった。すかさず小津は「待った、待った、笠さん、三つ葉を食おうか魚食おうか、そんな細かい芝居は要らないから、お汁だけスーッと飲んでくれ」と注意したらしい。そうでないと頭に描く絵にならないのだろう。

俳優が白紙で臨んで俎板の鯉の心境になればいいが、ベテランともなると、なにかしらやろうとする。一般に、偉くなってくると役者根性が頭を持ち上げ、自分の考えに合わせてせりふを少しいじることも出てくる。だが、長い時間をかけて野田と綿密な相談をしながら、何百枚もあるせりふカードから最適の一枚を選びだす、そんな脚本段階での壮絶なシーンを知っている小津組の役者は、助詞ひとつ勝手に変更する気にはなれなかったという。せりふの読み方も、小津は俳優の前で実際に読んでみせたらしい。『彼岸花』や『秋日和』などに出演した俳優の渡辺文雄は、それがまた、うまいんだ、若手はその監督の抑揚を楽譜のように記号で写しとり、それに忠実に演じたものだと当時をふりかえる。

一挙手一投足まで監督の指示どおりに動かなくてはならないとなると、ある意味、役者を人形扱いする演出だと言えなくもない。が、玄人のベテランが勝手に解釈してクサイ演技をしないよう、どんな大物俳優に対しても、小津監督は同じように細かい指示を与え、何度となく同じ演技をくりかえさせたという有名な逸話はどうやらほんとのことだったようだ。

戦前から戦後すぐまでの小津映画に何度も出演した飯田蝶子などは、トイレに行きたいのを我慢して笑っていて、立ち上がって出て行くところまで、そこだけで四時間か五時間やられたと、座談会で発言しているほどだ。他人のやり直しされる回数を畳の目で勘定していたという女優吉川満子の証言もある。『一人息子』でのことか、借りて来た赤ん坊に歯が生え、抱いていた坪内美子（美詠子）が重くなったと言ったというエピソードも残っている。四ヶ月も経てば別に不思議はない。

『早春』のラスト近く、池部良の扮する杉山正二が、憤懣やるかたない思いで机に向かい、あれこれ考えあぐねている場面がなかなかうまくいかない。日ごろは小道具なんかひねくりまわすのは下品で低能な芝居だとうそぶく小津が、見かねてタバコの空き箱を持ち出し、それを指先でまわす小芝居を提案した。ところが何度やっても監督は気に入らない。「うまくないネ。貸してみろ。考え考えまわしているんだよ」と、ついに自分でやってみせたら、それが実にみごとだったという。ここは悩んでいるシーンだ、そんなにくるくるまわして遊んでるんじゃないという指導だったかもしれない。

『麦秋』で田村アヤの役を演じた淡島千景も、コップを下ろして親友の間宮紀子役の原節子のほうを向くという、たったそれだけの演技についても、目が早い、手が遅い、首が行き過ぎだなどと細かい注意を与えられ、何度もやり直しをさせられたそうだ。はほん、これが噂の〝ひっかかり〟だなと気づき、ともかく無心になろうと努めたという。

『東京暮色』ではじめて小津映画に起用された有馬稲子は、あの原節子でさえ、ちょっと振り向くだけの演技でも何度もやり直しになるのを見て、頭に血がのぼり、頬が痙攣したと当時をふりかえっている。なにしろ、「行くの？」と尋ねるだけのせりふでも、音程が高いだの低いだのと百回以上もやらされているうちに、何が何だかわからなくなったという。監督としては案外、演技を意識しなくなるのを待っていたのかもしれない。

司葉子ははじめて出演した『秋日和』で、強い照明のなか、「もう二センチ大船寄り、もう二センチ鎌倉寄り」といったくりかえしに緊張が続き、いざ本番というときに気を失ったと、当人が語っている。

もっとも、岡田茉莉子は、同じ『秋日和』で佐々木百合子の役を演じ、佐分利信・中村伸郎・北龍二という小父さまトリオを相手に激しく問い詰める場面では、名優たちを何度もとっちめる気分は悪くなかったとおどけてみせるが、自分の演じ方のどこが悪いのかも知らされずに同じ演技を何度もやらされる身になれば、大物俳優ほどつらかったことだろう。

助監督としてそういう現場に立ち会ってきた今村昌平は、どの俳優も最初のリハーサルのときが一番生き生きと演技しているように見え、それを何十回もくりかえしてゆくうちにだんだん硬直した人形のようになり、いよいよ駄目になったところで小津のOKが出るような気がしたほどだという。俳優が意識して演じている間はOKを出さず、何度もくりかえしているうちに俳優は次第に演技をしていることを忘れるようになり、そこにその人間らしさが出てくる。当人がいくらうまがったところで演技には限度があり、あの低いアングルのカメラにのぞかれると、俳優としての力だけではごまかしきれず、その人間の正体が出てしまう。演技力より人柄を撮ろうとする小津映画では、俳優が無心になるその瞬間を待っているのだから、ほんとは何回でもいいのだという。

『戸田家の兄妹《きょうだい》』で長女の役を演じた吉川満子は、「満ちゃん」一所懸命になっちゃいけないよ。いい加減にやれ」と小津に指導されたことを座談会で語っている。「いい加減に」というのは「自然に」という意味の小津的表現なのだという。戦後に数々の小津映画に出演し、小津組の四番打者とも評された杉村春子も、最初どうして自分を使い始めたのかと小津に尋ねたところ、「自然な芝居をする人だなと思ったからだ」と答えたそうだ。

しかし、俳優の自由裁量がまったくなかったわけではなさそうだ。たとえば『晩春』の最後に近いシーン。紀子が父親に促されて、婚礼に向かうため、二階の自分の部屋を出る場面で、杉村春子の扮する叔母がその部屋をぐるっと一周りして二人のあとを追う。脚本に「改めて室内を一廻り見廻って」とあるのに対応する演技だ。そこでの小津監督の指示は、「気持ちふうっとひとまわり」という一言だったらしい。自然な演技をするこの女優を信頼していたのだろう。細部を任された杉村は、ああいう場合、自分だったらどういう気持ちの残し方をするかと考えて演じたら、一発でOKが出たという。

このぐらいの実力者になると、奇妙なことに何度もOKが出る場合があったらしく、OKの一、OKの二、OKの三というぐあいに、時にはOKの五までしつこくくりかえすこともあった、という小津映画の編集者の証言もある。どれも合格で技術的には何の問題もないが、小津監督自身の作品全体の構想とぴったり合わないという事情らしい。

『麦秋』で矢部たみが間宮紀子に、息子の再婚相手にという虫のいい申し出をし、まさかと思っていたのに相手が即座に受けてくれ、あまりのうれしさに涙ぐむ場面がある。その折は、誰が見てもすばらしいOKの一を、あれは芝居をしすぎているとして退け、さほど特徴のないOKの二を採用したという。作品の中で一人のうまさだけが際立つのを避ける配慮かもしれない。これもまた、目立たない美学である。

美のかたちと本物志向

監督の思い描くイメージに向かって無心に演技をくりかえしているうちに、いつかその人柄が立ち現れると、小津は考えていたようだ。くりかえし演じさせられる側はどういう気分なのだろう。オブジェになると有馬稲子は感じ、絵具になったような気がしたと森繁久彌は述懐する。これははたして、それぞれに、監督が自分を道具として存分に使いこなしたという気持ちを表明したのだろうか。

小津映画のレギュラーとして数多くの作品に出演し、曾宮周吉・平山周吉・杉山周吉・三上周吉・三輪周吉・平山周平など「衆」と同音の「周」の字のつく人物の役柄を演じた笠智衆は、うまいにしろまずいにしろあの演技は自分のものではなかったとふりかえる。俳優個人が地をむきだしにしたというよりも、小津のイメージどおりになりきったという意味だろう。あるいは、小津映画の中で笠智衆は笠智衆を演じ、原節子もまた原節子を演じたのかもしれない。その意味では、人もまた小津作品であったと言うことができるだろう。

恥ずかしくない映画を残したいと思い、永遠に通じるものこそつねに新しいと考える小津安二郎は、俳優を自分のイメージどおりに仕立て、思いのままに動かしただけではない。『宗方姉妹』に出演した高峰秀子は、初対面の折の小津の印象について、「ズバぬけたおしゃれ」、「こよなくぜいたく」であることに驚いたと書き、まやかしが嫌いで、「なんでも本物でなければ承知できない潔癖さと厳しさの人」と結論づけている。けっして古びることのない美への憧憬からも本物志向が強まり、小津好みと呼ばれる一流の小道具や器を、自分の思いどおりに配置しないと気がすまなかったようだ。『彼岸花』のときなど、セットの小道具が気に入らなくて、スタッフに大船の撮影所から新橋の小料理屋まで借りに行かせたため、それだけで一日つぶれたこともあったらしい。

セットに飾る絵も本物を使う。貴田庄によれば、『秋日和』で三輪秋子が手芸の講師をしている桑田服飾学院の院長室の壁に東山魁夷の絵がかかっているほか、橋本明治・山口蓬春・高山辰雄の作品も本物が小道具として使われているという。俳優の渡辺文雄は、小津が「あ、これいいや」と言って、自分の家から林武のデッサンを持ち去ったこともあったと語っている。

高価な絵画でさえこの調子だから、ほかのものはなおさらだ。『彼岸花』の撮影のときに、衣装部の用意した服がどれも気に入らず、たった一つのシーンを撮るために、洋服屋を呼び寄せて高い背広を新調させたのには、出演中の渡辺も驚いたという。『秋日和』の鮨屋の場面では、弁天寿司という本物の鮨屋に出張してもらって握らせたらしい。

酒盛りのシーンでも、水でなく本物のビールやウイスキーが用意される。最初のテストからホワイトホースのオンザロックと生うにで始まり、さあ、どんどんやってくださいよと、小津がセットの冷蔵庫から次々に運んで来たと、この作品で田口秀三役を演ずる中村伸郎が語っている。テストをくりかえして本番になるころには、あたり一面、酒の香りが漂い、にせものでは出せない雰囲気になったと、酒好きの中村は冷静に分析している。

むろん、へべれけになってしまっては、俳優も撮影どころではないが、たしかに本物の酒であれば、出演する人間は気分だけでなく身内にもほんのりと酔いがまわり、演技せずとも、いい感じが出せたことだろう。その貴重な時間を生かすべく、中村は自分のせりふをあらかじめ完璧に記憶してその場に臨み、撮影中は存分に酒食を楽しんでいたということだ。期待より早く終わったときなど、この場面はもういいのかと念を押し、小津に、「カメラを回さずにもう少し続けましょうか、中村さん」とからかわれたこともあるらしい。見かけによらず酒をやらない東野英治郎が、脇で「のオ(伸郎)ちゃんは出演料まけてもいいな」とよけいなことを言ったというから、その場の空気が想像できておかしい。

撮影現場はいい雰囲気でも、自分のイメージに対する小津のこだわりには、まさに鬼気迫るものがあったようだ。俳優の着るものから置物まで、画面に映るものはすべて監督自身が選んだそうだ。映画『非常線の女』の撮影中、物干しに吊るしてある女ものの足袋を見て、その寸法を尋ねたこともあったという。主役の時子の足袋なので、それを演ずる田中絹代の足に合うかが気になったのだ。調べさせるとサイズが少し違うため、田中絹代が実際に履いている足袋を洗濯して干すことにしたという徹底ぶりには驚くほかはない。

『小早川家の秋』で中村鴈治郎の扮する小早川万兵衛が、娘の文子（新珠三千代）の目を盗んで、京都に住む昔の女、佐々木つね（浪花千栄子）のもとに通う。ある日、孫とかくれんぼをしながら、こっそり箪笥から着物を出して着替えるのだが、文子が奥の座敷に行き、廊下を戻って風呂場に行き、バケツを提げて離れに行く、その間に抜け出すのにつじつまの合うよう、台所までの廊下の長さを計算して入念にセットを設計したという話も残っている。ごまかしがよほど嫌いだったのだろう。

カラー撮影になってからは、画面のどこかに赤い色を配したいというだけの目的で、『浮草』では、当時は珍しかった赤い色のやかんを都合したという。『小早川家の秋』では、セットの家の庭に、やはり赤い色を配するために葉鶏頭が欲しくなり、わざわざ自宅の庭に種をまいて育て、赤い花の咲く時期まで待って、そのセットの庭に移植し、ようやく撮影したという徹底ぶりだったそうだ。あくまで作者のイメージにこだわりつづける芸術家らしい凝り性を物語る一例である。

小津映画『東京暮色』で助監督を務めた篠田正浩は、例の低いポジションのカメラにはいつくばった監督から、座蒲団を二枚持って来て指定の位置に置くよう指示された。脚本を読んでも、そこに坐るべき登場人物が見当たらないので、こわごわと理由を尋ねると、小津は篠田にレンズをのぞかせ、何が見えるかと問う。見たままに机や人と答えると、それより眼ざわりなものがあるだろう、畳の黒いへりの線が芝居の邪魔になるのだと説明したという。つまり、その座蒲団は人が坐るためではなく、そのきつい線をなにげなく消すために置くのだ。こうして日常のぎっしり詰まった、あの小津好みの秩序あるフレームをつくりあげるのだというのである。

『麦秋』と『東京物語』に出演した東山千栄子は、小津の演出についてこんな思い出を記している。すべて細かい計算が立っていて、湯呑茶碗を手に持って相手と話し合う場面でも、どのせりふで茶碗をどのへんまで持って来るか、その絵柄がちゃんとカメラに向き、高さも向きもきちんとした絵になるよう、すべて監督のイメージどおりに運ばなければならなかったという。

それだけに、現在も活動中の俳優佐野史郎が紹介している、かつての大スター鶴田浩二のエピソードは興味深い。岡田登という青年の役で鶴田の出演した『お茶漬の味』のシーンだろうか。小津組のはりつめた空気の中でテストをくりかえし、いよいよ本番というときに、入念に置かれた卓上の器を鶴田が指先でちょっとまわしたというのだ。一分一厘ゆるがせにしないと言われる伝説的な小津美学は、いったいどれほどのものなのかという挑戦的ないたずらだったのか。俳優が自分というものを殺し、小津の描く構図の中にまるで〈器〉のように調和させられることへのかすかな抵抗だったのか。その真意はわからない。

ともあれ撮影はそのまま開始されたという。その若干の変化に小津が気づかなかったのか。わかっていて黙認したのか。それもわからない。変化といっても、そこにあるものを取り去ったり、他と交換したりしたわけではなく、位置も形もそのままだ。ただ、回転させたぶん、写真に映る面がずれ、見える模様が少し違ったはずだ。飯田蝶子は猫の置物を隠して叱られたという。吉川満子は小道具をずらして小津にかえって「この方がいい」と言われたらしい。こういう先輩たちの例は、小津美学にも〝遊び〟のあったことを示すだろう。鶴田のそれは厳格な小津美学におけるその遊びの範囲だったかもしれない。

いずれにしろ、俳優の器、小津美学の試練、あるいは小津安二郎という人間の懐の深さ。いずれにしろ、何かを照らす象徴的な一事件であったことは否定できない。

『麦秋』（1951年・写真提供　松竹）

二　季節ににじむ哀感

消え去った風景

小津の日記を拾い読みしてみよう。昭和八年七月六日の火曜日は、銀座に出て「竹葉」という店で晩飯を食ったらしく、「服部の大時計が八時を打った　竹葉のよしの戸から銀座の夜の町が美しい」などと書いてある。翌年の四月二日の分には、「父寅之助69才、狭心症にて、午後11時15分死去」とあり、「いまわのきわに、安二郎の手をきつく握った。その意味を、後々思い出しては考えていた」と続く。どちらも事実そのとおりなのにちがいないが、なんだか映画の一シーンを観る思いに誘われる。

映画『東京の合唱《コーラス》』で、学校の生徒らが列を乱してふざけ始めると、大村先生（斎藤達雄）は「エンマ帖を出して鉛筆をなめながら、じろりと見渡す」。その当時は鉛筆の芯の質が悪かったため、いくらかでも濃く書けるように先をなめる、こんな光景を見かけたものだが、今では舞台の役者のしぐさとしてまれに見られる程度だろう。足元を注意された生徒は「慌てて、下駄をぬぎ、裸足になる」。学校に下駄を履いて来る姿も、大学の応援団長以外にまったく見かけなくなった。

『一人息子』では、石臼の音、水車の音、それに支那そばのチャルメラの音色など、昔懐かしい音がいろいろ聞こえる。つね（飯田蝶子）とおしげ（高松栄子）とがどちらも雑巾を刺しながらおしゃべりをするのどかな場面も出てくる。また、『戸田家の兄妹』には、母（葛城文子）が鉢植えの万年青《おもと》の葉を洗っている風景も見える。

戦後の小津映画の第一作『長屋紳士録』には、築地あたりの長屋に住むおたね（飯田蝶子）が、幸平（青木放屁）という行き場のない男の子を預かり、おねしょの罰に、物干し竿に干したその〝世界地図〟の描かれた布団を団扇であおがせる場面が登場する。今では見かけない、そんな時代の風景も、どこか懐かしい。

『麦秋』では、史子は、夫の妹の紀子がお茶漬を食べようとすると、「蠅帳に這入ってます、コロッケ」と言う。コロッケは今も衰えを見せないが、蠅帳はまったく姿を消したようだ。『東京物語』に、団扇であおいでもてなす夏の場面が出てくるが、エアコンの普及した今日ではほとんど見かけない光景だろう。『小早川家の秋』にも、佐々木つねがそうしている場面があるが、この場合、その先にあるのは顔に手ぬぐいの掛かった万兵衛の亡骸である。

『秋日和』のラストに近いシーンには、修学旅行の女学生たちの往来する「間を縫って按摩が通る」湯の街、伊香保の夜の風景が描かれる。こういう流しの按摩の姿も、最近ではきわめて珍しくなったようだ。

『麦秋』で、紀子が結婚して秋田に行くために、それまで勤務していた会社に挨拶に行くと、専務の佐竹（佐野周二）が「おい、よく見とけよ。東京もなかなかいいぞ」と言う。監督は田中絹代に譲ったが、小津が脚本を書いた『月は上りぬ』には、節子（北原三枝）が「あたしいつも思い出すのよ……半蔵門からお濠端通って銀座へ行く時の感じ……素敵だわ」と言うと、浅井茂吉（笠智衆）は「それはお前昔の事だよ、お前の思ってるような東京、もうありゃしないよ」と教える場面がある。小津映画の根底にあるのは、今見ている人も風景もいつまでもこのままというわけにはいかないという無常観である。そうして消えてしまった物や行為や人や風景から、懐かしいという感情が誘い出される。

一瞬の季節感、はてしない郷愁

一瞬の季節感の中に、はてしない郷愁を感じさせることもある。時には、たわいもない雑談に乗せられて笑っていて、ふと気がつくと、画面の底を哀感が流れ、ひたひたと喪失感が寄せてくる。シナリオをヒントに、小津映画の印象に残る風景をたどってみよう。

たとえば、『また逢ふ日まで』の冒頭シーン。夜も更けて人通りの途絶えたオフィス街で、淡い街燈の光がぼんやりと照らす舗道の上を、折からの風に吹かれて、紙屑がガサゴソ音をたてながら転がって行く。工場の塀が続き、閂《かんぬき》のかかった裏門が象徴的に映し出される『一人息子』のラストシーンもそうだ。

『晩春』では、空が明るく澄んだ晩春の昼さがり、葉桜の影を見せる北鎌倉の駅をとらえる冒頭シーンや、庭のつつじが陽光を浴び、どこかで鶯の声も聞こえる円覚寺ののどかな一景、それに、駅員が水まきをしている鎌倉駅の光景などだろう。『麦秋』では、春の朝凪の海を前に、由比ヶ浜の渚で犬とたわむれる冒頭シーンだろうか。『お茶漬の味』では、風薫る明るい空の下で、駆け出した節子（津島恵子）にやっと追いついた岡田がぺこぺこお辞儀をする、あの若い二人のラストシーンが忘れがたい。

『東京物語』では、母親のとみの死を暗示するかのような、夜明けの尾道駅の人影のないプラットフォーム、人通りのない道路、海岸の石垣を洗う波を点描するシーンと、日ざしの強い寺の境内に木魚の音だけが響く葬儀場横の一景と、その直後の墓地の向こうに遠く見える光る海などだろう。

『東京暮色』では、暮れ残るビルの上の冬空と、宵闇の中に派手に輝く街のネオンや、子を捨てて出て行った母親の喜久子（山田五十鈴）が、今の夫（中村伸郎）と北海道へ発つ日に、自殺のような事故死を遂げた明子の霊に捧げる花束を持って杉山家を訪ねたときに、自分が置き去りにした長女の孝子（原節子）の子供の玩具を拾う場面だ。『秋日和』では、お寺の境内で孫と遊ぶ老婦人と乳母車を映し出す冒頭シーン、その直後に出る、手洗いから出て来た男とつくばいの画面など、このなにげないスケッチをつづった作品にふさわしく、そういう何ということもない場面が不思議に心に残る。『小早川家の秋』では、元気なころの万兵衛が、京都に住む昔の女の家へ通うところを、店の者にあとをつけられた折に鳴る風鈴、その万兵衛が女の家で亡くなり、駆けつけた末娘の紀子（司葉子）が泣き崩れる場面で、風に揺れることもなく静かに下がっている風鈴。そんなふうに生と死を象徴するように出てくる〝季語〟を兼ねた風鈴の映像が深く脳裏に刻まれる。朝日のさしこむ座敷に蟬の声が満ちるのも、やはり季語のような一景だろう。酒蔵風景に傘が干してある生活感も懐かしい。

ドナルド・リチーは、『東京物語』や『早春』の終わり近くに、小津が列車のシーンを折り込むことを指摘し、遠くを走る列車の悲しげな響きが、新しい生活のために運び去られる人びとへの想いを誘い、旅への憧れ、ノスタルジアとともに、今でも日本人の感情をゆさぶる力があることを述べている。

言われてみれば、それより古く戦時中につくられた小津映画『父ありき』も、夜空の山明かりの中を夜汽車の走り去る場面で幕が下りる。今では観光用になってしまったSLだが、あの物悲しげな汽笛の音が、そういう効果をさらに高めているような気もする。音だけではない。一陣の風が吹き去ったあとのように、遠ざかる列車の姿そのものもまた、ある種の喪失感をかきたてる、という側面もあっただろう。

『東京物語』のラストシーンにも、まず汽車が出てくる。小学校の教師をしている京子が、授業中にちらりと腕時計に目をやって教室の窓をのぞくと、周吉夫婦の実の子である長男も長女も早々に帰京し、ひとりだけ残っていた戦死した次男の嫁の紀子の乗った列車が東京へと遠ざかるのが眼下に見える。カメラが車内のようすを映して、物悲しい汽笛がこだまする。

そうして、ひとりになった平山周吉が、遠くを行く島々通いの船をぼんやりと眺めている最終シーン。「ポンポン蒸汽の音が夢のように遠くなってゆく。瀬戸内海の七月の午後である」としてシナリオは閉じられる。

この映画は、周吉が妻のとみと二人で、東京行きの旅支度をしている場面で始まる。そのころは妻もまた周吉と並んで、同じ海を眺める毎日であったろう。だが、今、瀬戸内海の真夏の光に見入る自分の隣に、いっしょに眺めるはずだった妻の姿はない。ぽっかりと空いたその席はついに埋まらない。この映画の終わったとき、周吉はこれからどう生きてゆくだろうかと、きっと観客は考えることだろう。考えても、明るい展望は開けてこない。そんな後の人生の予感を観客に預けたまま、作品は幕を閉じる。なんとも重い余白である。

別れの始まり

一方、別の周吉、『麦秋』の間宮周吉は、東京の国立博物館の庭で、芝生に腰をおろし、サンドイッチを開きながら、妻の志げに、「うちも今が一番いい時かも知れないねえ」と、しみじみと語りかけ、「これで紀子でも嫁にいけばまた寂しくなるし」と語を継ぐ。順ぐりとめぐりめぐってゆく人間という存在のあり方なのだから、固有名詞などどうでもいいのかもしれない。

今が一番いいという明るい話題は、その裏に、いずれこれから、もっとよくない時がやって来る、というむしろ残酷な予測を含んでいる、と見ることもできるだろう。

そういう意味では、めでたいはずの紀子の結婚でさえ、家族として見れば、別れの始まりである。この作品の終わり近くに出てくる、一家そろっての記念撮影のシーンは、蓮實重彦が戦前の小津映画『戸田家の兄妹』について述べたほど不吉ではないにしろ、それでもやはり、ある種の別れの儀式だという見方はできるかもしれない。『戸田家の兄妹』の翌年、昭和十七年に成った『父ありき』のラストシーンにも、こうある。父親といっしょに暮らす日を楽しみにしていたのに、その父に死なれた息子の良平（佐野周二）が、「でもよかったよ、たった一週間でも一緒に暮せて……その一週間が、今までで一番楽しい時だったよ」と、ふみ子（水戸光子）に思い出深げに語りかけるのだ。

日記に「再びハおそらく通るまい越し方の路、町、村などを思い返して見る」と記した小津安二郎は、戦後作品の『早春』の中でも、岸辺に腰を下ろして大学のボートレースを眺める小野寺に、「あの時分が一番いい時だなア」「あの時分が人生の春だねえ」とつぶやかせている。おそらくは、抗しがたい時の流れの中で、だからこそ、何ものにも代えがたい今の貴重な一瞬一瞬を、大事に大事に、じっくりと味わいながら生きていきたい、そんな思いがたぎるのだろう。

小津映画では、失われた時を描き、消えてしまった場所を惜しんで撮影されてきた。洗濯物が風にひるがえる生活風景を強調し、瓦斯《ガス》タンクの見える場所を好んで描いたフィルムも、見る者の郷愁を誘う。空襲を受けて東京の街は一変した。『麦秋』では矢部とその後妻となる紀子が東京周辺の鎌倉から秋田へと向かい、紀子の両親、間宮周吉・志げの老夫妻もそこを離れて故郷の大和へと帰って行く。『早春』でも、小野寺は大津の営業所に移り、杉山正二も岡山県の三石に転勤となって移り住み、やがて妻の昌子（淡島千景）もそちらに向かい、登場人物が何人も東京を離れる。

次作の『東京暮色』でも、相馬（中村伸郎）とその妻の喜久子が、北海道に移り住むため、東京の上野駅を離れて行く。『東京物語』では、周吉・とみの夫婦が、子供たちの住む東京に出て来てみたものの、いい思いをすることもなく尾道に帰る。

こんなふうに東京を離れる人間を、小津が数多く描いたことに注目した川本三郎は、監督の心の底に東京という街に対する違和感のあることを見抜く。自分の知っている昔のあの東京とはすっかり違ってしまったという、東京生まれの人間の感慨である。なるほど、その一方に、『麦秋』の終わり近くで、会社の専務の佐竹が、会社を辞めて秋田に向かう紀子に、「おい、よく見とけよ。東京もなかなかいいぞ」と言わせる場面もあり、すでに紹介したが、これも単純な東京讃歌ではなかっただろう。昔と違って林立するビルの谷間になってしまった今の東京にだって案外捨てがたい味がある、そんな気持ちは嘘ではなかっただろう。だが、その根底に、この風景もいつまでもあると思うな、だから今のうちにしっかり眼に焼きつけておくがいい、といったせつない無常観がひそんでいることは打ち消しがたい。

佐藤忠男によれば、映画に描かれる東京は、その時代の現実の東京の姿を赤裸々に映し出したものではなく、それはいわば小津の心のふるさととしての特別の空間なのだという。作品の街頭のシーンで、エキストラたちは程よく離れ、静かに行儀よくしていなければならなかったと書いているのは象徴的だ。

そういえば、『晩春』の父と娘について、リチーは、もし母が生きていたらこうだったろう、ということにこだわっていることを指摘した。とすれば、東京の街と同様、そこに描かれる美しい家庭もまた、すでに失われた日本の風景であり、ある部分は、小津にとって、そうありたかった未来であったのかもしれない。だが、そのとき、小津のことばに、悲しいときに楽しかった日のことを思い出すほど悲しいことはないとあることをも考え合わせなければならないだろう。

無人の風景

『お茶漬の味』で小津は、誰もいない茶の間で時計が十一時を打つ場面に続き、誰もいない廊下を描いた。『東京暮色』でも、杉山家の誰もいない廊下を映している。『秋日和』では、旅館で池の鯉にピーナツをやったら翌朝その鯉が白い腹を見せて浮いていた、という昔のアヤ子の失敗談を持ち出した母親の秋子の会話は、「あれがお父さんと旅行した最後だったわねえ」という方向に展開する。

同じ作品にこんな場面も出てくる。親しい同僚が結婚することになり、新婚旅行に旅立つ。その列車を会社の屋上から見送った百合子は、そこを通るときに窓から花束を振るという花嫁の約束が守られなかったことに気づき、「一緒に入社して、あんなに仲よくしてたのに」と言う。並んで見送ったアヤ子も「みんな、だんだん離れてっちゃうのよ」と同調する。

そのアヤ子が、遠まわりして結局は交際を始めた後藤と、有楽町あたりの店でラーメンをすすりながら、母親と喧嘩したことを告げる。すると後藤は、「そりゃいかんな。喧嘩しちゃいけないな」と言って、自身の苦い思い出を語り始める。中学三年のときに、つまらないことに腹を立てて、台所の棚に並んでいる布袋様の泥人形をぶっこわした、そのときのおふくろの顔を今でもはっきりと覚えていると言って、「その年の秋、おふくろ死んじゃったんですよ」と続けた。アヤ子はしんみりとしてしまう。そのアヤ子の婚礼から帰宅した秋子は、一人になってしまった部屋の中で、溜息をひとつついて羽織を脱ぎ、それを力なく畳む場面に続き、カメラが人影のない廊下を映し出して、この映画は終わる。喪失感がひとしきり観客を包み込む。

『小早川家の秋』でも、無人の風景が一つの確かな働きをしている。医院の誰もいない待合室で、大時計の振り子が時を刻む場面から、深夜の小早川家のこれも誰もいない茶の間へとカメラが移行し、続いて、やはり人影のない廊下を映し出す。万兵衛の倒れたあとの空虚感を漂わせる連続シーンである。

このあと万兵衛は一度持ち直すのだが、ほどなく京都の女の家でふたたび倒れ、帰らぬ人となる。大阪から駆けつけた家族に、その昔のなじみ、佐々木つねは、「アアもうこれでしまいか、もうしまいかって、二度ほどお云いやしてなあ」と、万兵衛の臨終のようすを話し、「儚いもんどすなア」と沈黙する。そうして、石仏の頭に烏のとまっているラストシーンが、ひとしお喪失感をかきたてる。

小津映画の最後となった『秋刀魚の味』、娘の路子が嫁ぎ、主のいなくなった薄暗い二階の部屋で、姿見だけがぼうっと鈍く光る、あのラストシーンも例外ではなかった。

カメラマンの荒木経惟《のぶよし》は、小津映画についてこんな感想を述べている。どの映画も同じことのくりかえしで、出てくる飲み屋も同じだし、どれもちゃぶ台のある場所に人が集まるから、作品をいくつ見ても、どれがどれやらわからない。だが、作品は人の往来なのだと気づいたという。人のいない画面をまず映し、そこに人が現れ、立ち去って行く。つまり、無の中に有を表現し、消えてしまう。小津は人の去ったあとの画面を二、三秒映し、そこに「もののあはれ」を漂わせるのだという。

写真の専門家という立場から、荒木はもう一つの点に注目する。口論している夫婦の脇に、湯呑茶碗のころがっている場面だ。腹を立てた夫がちゃぶ台から払いのけて飛んだと解釈できるから、もちろんそのシーンと無関係ではない。だが、二人の当事者の感情とはまるで無縁な存在であるはずの茶碗を、口喧嘩している人間と等価に見るところに、小津のすごさを感じるのだ。人の気持ちなどと何の関係もなく、物はひとしくこの世に厳然と存在している。そういう事実をきちんと映し出す小津の力量を高く評価しているのだろう。

三　描き出される人物像

ぼやき派

どの作品も同じようなストーリーで、似たような役柄を設けて、同じ俳優をくりかえし起用し、紛らわしい題名も多い。小津映画では、登場人物もいくつかのタイプに分かれる。

その一つは、さほど深刻でない程度の困り方でさかんにこぼしてみせるタイプだ。これを「ぼやき派」と称しておこう。

たとえば、『晩春』の京都大学教授小野寺譲（三島雅夫）などはその一例だろう。再婚したばかりに、親しい友人の曾宮周吉の娘紀子に、何かにつけて、不潔だ、汚らしいと言われ、「そうかい、駄目かい、そりゃ困ったな」と、笑いながらさかんに弱ってみせる。時には、おしぼりで顔を拭いて、これでも汚いかとふざけるぐらいだから、内心さほど応えていない。

『彼岸花』の平山渉も、次女の久子（桑野みゆき）に、「知らない人とお見合いなんて、あたしだったら厭だなあ」と言われ、「そりゃ困ったな」と答え、『秋日和』で同じ佐分利信の演ずる間宮宗一も、友人の忘れ形見である三輪アヤ子に、自分の部下の男性を紹介しようとして、「知らない！」と言われ、「知らないか。そうか。そりゃ困ったな」と、大して困った顔もせずにぼやいてみせる。

こういう軽い困り方も、のちにふれる「いやア」族の特徴のひとつのように見える。『麦秋』で、子持ちの男の再婚相手になる決心を固めた紀子のことを、その兄の康一が「困った奴ですよ」とぼやき、同じ笠智衆の演ずる『彼岸花』の三上周吉も、男と同棲している娘の文子（久我美子）のことを、同じく「困った奴だよ」とぼやく。この作品の平山も、親に無断である男と交際している娘の節子（有馬稲子）のことを、やはり「困った奴だ」とぼやく。

『秋日和』の田口秀三も、夫婦喧嘩をして実家に戻って来た娘の洋子（田代百合子）のことを、同様に「困った奴だよ」とぼやき、風呂のガスを消さなかった子供たちを「困った奴等だ」と言う。

同じ作品の三輪秋子も、女性だけにさすがに「奴」は使わないが、嫁に行きたがらない娘のアヤ子について、「困った子ねえ」とぼやく。まったく困っていないわけではないが、なかなか思いどおりにならない娘を扱いかねている場面である。小津自身がシナリオにわざわざ「しかし別に困ったようすもない」と注記しているほどだから、この場合もそう言っているほどには、内心あまり深刻になっている感じはない。

運命享受派

『麦秋』のラストシーンで、間宮周吉が、「みんな、はなればなれになっちゃったけど……しかしまア、あたしたちはいい方だよ」と、老妻の志げに言い、「慾を言やア切りがないが」と続ける。

『東京物語』の周吉も、「欲張ったら切りがない」とか、「仕様がないわい」、「まアええと思わにゃいかんじゃろう」と言い、同じ作品の沼田（東野英治郎）も、「今時の若いもんの中にゃ、平気で親を殺す奴もおるんじゃから、それに比べりゃナンボかマシな方か」と話を合わせる。

その夫婦の会話でも、周吉が「なかなか親の思うようにはいかないもんじゃ……欲云や切りゃにゃが、まアええ方じゃよ」と言い、妻のとみも、「ええ方ですとも、よっぽどええ方でさあ。わたしらは幸せでさあ」と答えるほどに、どちらも欲というものには縁遠い。

『秋日和』に、俗気たっぷりの男として登場する田口秀三でさえ、「贅沢云ってりゃ切りがないよ」と悟っているし、同じ作品の三輪秋子はもっと積極的に、娘が嫁に行って一人になり、「寂しくったたって仕様がないわよ、我慢しなきゃ。お母さんのお母さんだって、きっと我慢してくれたのよ」と言い、あきらめてその境遇を受け入れようとする。そして、娘の友達の佐々木百合子の前でも、「寂しくたって仕様がないわよ。あの子が幸せになれるんだったら、そんなこと我慢しなきゃ」とくりかえし、自分自身を納得させようとする。

子供はなかなか親の思いどおりには育たず、やがて結婚して親から離れて行く。その子供にまた子供ができると、自分の家庭のことだけで精一杯になって、とても親のことまで手がまわらない。こうして、多かれ少なかれ、親の期待は、結果として裏切られることとなる。

人生は、このくりかえしであり、いつの世も、人はそれに堪えてきた。小津映画の主要人物たちの口にすることば、自分なんかいいほうだ、まだましだと、そういう運命を甘んじて受け入れる覚悟を見せる。観客はくりかえしそういう哲学を伝えられる。

思いやり派

戦前の映画『一人息子』にこんな場面が出てくる。久しぶりに息子に会うために信州から上京した母親の野々宮つねは、期待したほど出世するでもなく、知らぬ間に結婚して赤ん坊までできていたことを知り、一人息子のそういう貧しい暮らしにがっかりする。息子の良助（日守新一）のほうも、母親のそういう落胆ぶりに気づき、その気持ちを察して、屋台のラーメンを注文し、「おッ母さん、おつゆがうまいんですよ」と精一杯にもてなす。誰が悪いわけでもない、思惑のすれ違いだ。せめてもの関係修復を図るこんな行為も、人のやさしさだろう。

同じく戦前の作品『戸田家の兄妹』では、父を亡くした次男の戸田昌二郎（佐分利信）が懐旧談で思わず目頭を熱くすると、その場の友人たちは、わざと景気よく酒を注ぎながら、「体は大事にせんといかんのう」、「そいじゃなるもんじゃのう憎まれっ子に」とかと、とたんに方言でしゃべりだして、雰囲気をまぎらす、そんな場面が印象に残る。これもまた、友人としてのいたわりの行為であるにちがいない。

戦後になって間もなくの作品である『晩春』には、妻に先立たれた父親の曾宮周吉が、かいがいしく台所で湯を沸かして紅茶をいれ、パンとともに二階に運んで、娘の紀子の来客、友人の北川アヤをもてなすシーンがある。

『麦秋』で、母親の矢部たみは、自分のおしゃべりが思わず功を奏して、間宮紀子が、子連れの息子謙吉の後妻になることを承諾し、有頂天になる。そうして、その晩の家庭の興奮ぶりを、翌日になって紀子に伝える。「もう大へん！　あの子だってゆうべよく寝てやしませんよ。夜中にまた一緒にご飯たべちゃったの」というありさまだ。いくつになっても子供の将来が心配でならない親心がユーモラスに伝わってきて、観客は心あたたまる思いがする。

また、その娘の縁談に不服をとなえた母親の志げが、長男の康一たちに叱られたとき、父親の間宮周吉は「みんなが本気で心配してるんだよ」と、いたわるように妻をやさしくたしなめる。

『東京物語』では、出張していて、平山家の母親の死に目に会えなかった三男の敬三は、その葬儀の場で、木魚の音を聞いていて居たたまれなくなり、会場を抜け出す。「お母さんが、ポコポコ小《ち》ッそうなっていきよる」、そんな感じがして、堪らなくなったのだという。

『東京暮色』では、父親の杉山周吉に向かって、娘の孝子が、自殺を思わせる事故死をした妹の明子の気持ちを推し量って訴えかける場面がある。「どんなにお父さんに可愛がって頂いても、明ちゃん、やっぱり寂しかったんです……お母さんがほしかったんです」というのがそれだ。

また、昔別れた妻で今では他人の妻である喜久子、すなわち娘たちの母親が、遠く北海道へ旅立つと自分で知らせに来たのに、孝子は駅に見送りに行こうともしない。見かねた父親の周吉が声をかける。「お父さんに気兼ねはしなくていい」と、実の母親を見送りに行くようにうながす場面もそうだ。小津映画は人物の気持ちをこんなとびきりの一行で活写することもある。

最終作となった『秋刀魚の味』では、父親の平山周平（笠智衆）たちがぐずぐずしている間に、自分の好きな男性がほかの女性と婚約したことを知った娘の路子は、家族の前でいかにもさばさばしたように見せるわざとらしい微笑シーンが、観客の心に刻まれる。

美術商の北川靖記が、注文された品を赤坂の店から撮影現場に届けるとき、仕事の都合で二十分ばかり遅れたことがあったらしい。そのとき小津監督は、「俺は人に待たされることがあまり好きじゃないんだ」と言ったらしい。これだけでは、きつく叱責した響きがあり、その場の雰囲気を緊張させる。そういうときに小津は、そのきついせりふの前か後に、「人が待つのは好きだけど」という、どうでもいい、よけいな一言を添えるのだ。笑いを誘って雰囲気をやわらげるだけではない。そのように自分の身勝手ぶりを印象づけることで、相手の罪意識を軽減することにもつながるからだ。小津映画の登場人物たちに広く見られるのも、こういう思いやり、人のやさしさであると言えるだろう。

潔癖派

小津映画の、いわば純粋培養のヒロインに共通するのは、かたくななまでの潔癖さであると言っていい。その典型の一人、『晩春』の曾宮紀子は、父の友人小野寺譲が再婚したと知り、当人に面と向かって、「小父さま、奥さまお貰いになったんですってね？」と切り出し、「何だかいやねえ」と率直に言う。思いがけない攻撃にとまどい、相手が「何が？　今度の奥さんかい？」と焦点をしぼると、「ううん、小父さまがよ」とはっきり言う。それでものみこめない小野寺が、「どうして」と訳を尋ねると、「何だか――不潔よ」と言い、さらに「きたならしいわ」と追い討ちをかける。

この場は、大人の小野寺が、「ひどいことになったな、きたならしいか」と言いながら、そこにあったおしぼりで顔を拭き、その顔を突き出して、これで「どうだい？」と冗談にしてしまう。それでも「駄目駄目！」と却下され、「そうかい、駄目かい、そりゃ困ったな」「そうかい、不潔かい、そりゃ弱ったな」と、手もなく降参してしまう明るい場面だが、男女の愛は永遠に一対一として譲らない紀子の潔癖さが観客の印象に深く刻まれる。

その原節子が母親役を演じ、司葉子がその娘アヤ子の役を務める『秋日和』では、未亡人であるその母親の秋子に再婚話が持ち上がったと伝え聞いたアヤ子が、何も知らない当人に、「とぼけないでよ。お母さんそんな人じゃないと思ってた！」と言い、やはり、「きたならしい！　そんなの大嫌い！」と息巻いて家を飛び出し、会社の同僚の佐々木百合子の家に行って、「相手はお父さんのお友達よ。不潔だわ」と、鬱憤を吐き捨てるあたり、『晩春』の紀子の再現にも見える。

その後、アヤ子の結婚が決まり、母と娘で最後の家族旅行に行った宿で、秋子は「お母さんが再婚すること、きたならしいって、そう云ったわね」と娘に話しかけ、「ほんとはお母さんもそう思うのよ」と続け、「あたしお父さん一人で沢山。これからもずっとお父さんと二人で生きていくわ」と本音をもらす。これもまた、『晩秋』の紀子そのままだ。

こういう価値観を持つ潔癖派は、けっして女性たちだけではない。最終作となった『秋刀魚の味』でも、娘と齢が三つしか違わない若い女と再婚した堀江晋（北龍二）

に、面と向かって平山周平が、「このごろお前がどうも不潔に見えるんだがね」と直言する場面がある。『晩春』の小野寺の場合と同様、ここでも堀江が「いやア、おれア綺麗ずきだよ」とはぐらかして、深刻なはずの対話はやはり笑いに終わる。

こうなると、再婚というものに対する登場人物たちのこういう批判は、案外、小津監督自身の倫理観を代弁しているのかもしれない。

融通派

融通の利かない潔癖症のヒロインに対し、それと対照的に面白みのある友人を配し、両者の考え方の違いを浮き彫りにする手法も目を引く。

『晩春』の紀子に対する北川アヤ、『麦秋』の紀子に対する田村アヤというふうに、役名でいえば紀子対アヤとなるのが、その典型だろう。中野翠は『小津ごのみ』の中で、いわば「聖女」に近い紀子役に対して、このアヤ役の性格は活発で茶目っ気があって、さばけていて俗臭が強いとまとめたあと、「おちょぼ口しちゃってさ」のように、「さ」を使って気さくな感じにしゃべることを指摘している。

調べてみると、なるほどそのとおりである。たしかに、月丘夢路は「どうしてそんな気になったのさ」「何さヒス!」「あたしは云えたけどさ」という調子でしゃべるし、淡島千景もイメージどおり、「何さ！　バカにしてるわ！」「だんだらの日除けのあるポーチか何かでさ」「そうさ！　ぶつよ！　ブン殴りますよ！」と、この「さ」という助詞を頻発する。このタイプの女性はまた、親しい女友達を「あんた」呼ばわりするのが通例だ。

『秋日和』では、原節子が母親役にまわったため、司葉子の扮する娘役の三輪アヤ子がそれまでの紀子役に相当する。そこにこの名を用いたため、その対抗馬に伝統的なこの名が使えない。この作品では、佐々木百合子という名で登場する女性が、実質的に従来のアヤの後継者と考えられる。性格的にもよく似ていて、さらに徹底した面白い人物として、生き生きと描かれている。

同期入社の同僚が新婚旅行に旅立つ列車の中で、「ふたり、向い合ってるかしら、並んでるかしら」とアヤ子が言うと、この百合子は「どっちだって好きなようにすわれ！　畜生、うまくやってやがんなあア」と、わざと乱暴な口を利く、そんな女性である。

母の再婚話に憤慨するアヤ子に向かって、イメージどおりに「あんた」呼ばわりし、「自分には好きな人があって、お母さんだけにどうしてそう厳しくするの？　そんなの勝手じゃない？」と批判し、「お母さんはお母さんでいいじゃないの」と、逆にアヤ子を説得しようとする。そうして、まさにそういう境遇に置かれた経験、その折の自分自身の気持ちを話して聞かせる。「あたし、今のお母さんが来た時平気だった。だからって、死んだお母さんのこと忘れてるわけじゃないわよ。今だって目をつぶれば、お母さんの顔がハッキリ浮いてくるわ」と、父親が再婚したときの偽らざる心境を率直に語るのだ。それでもアヤ子は納得せず、ますます怒って百合子の家から帰ろうとすると、「帰れ帰れ。何さ、赤ン坊！」と非難する。

百合子が会社で声をかけても、アヤ子は口を利かない。百合子は「ナンダ、まだおこってンの？　おこってろおこってろ。今日も明日も明後日も」と、なかなか威勢がいい。それでも百合子は心配になって、アヤ子の家を訪ね、母親の秋子自身の口から、そんな再婚の話など聞いていないと知らされる。そこに、まだ怒っているアヤ子が戻って来て、百合子が「ナンダ、まだおこってンの？　わざわざ心配して見に来てやったのに」と言っても、アヤ子は「余計なお世話よ。帰ってよ」と、取り付く島もない。「帰るわよ。フーンだ」と捨てぜりふを残して百合子は帰ってしまう。

が、ほうっておけない百合子は、ありもしない再婚話を流した間宮・田口・平山の小父さま三人組に抗議を申し込むため、会社に乗り込む。「伺いますけど、どういうわけで、ありもしないことおっしゃったんですか」、「どうして静かな池に石ほうりこむようなことなさるんですか。そのためにアヤ、大へん苦しんでいるんです。どうしてそんな、平和な家庭を掻き廻すようなことなさるんですか。それを伺いに来たんです。お答え下さい」と、若い女が一人で、世間的にも相当な地位にいる男性連中を相手に、切り口上で責め立てる。

間宮が「ところで百合ちゃん」と呼びかけると、「百合子と呼んでください」と、妥協を許さない。脇から田口が事情を説明しかかると、「あなたに伺っているんじゃありません」と、それをぴしゃりと制する。勢い込んで乗り込んでは来たものの、アヤ子を幸せに結婚させるためには、一人残される母親が淋しい思いをしないよう再婚させるのが、いいアイディアであるという、今度の計画の趣旨には百合子も賛同し、成功を祈っていっしょに祝杯をあげるという意外な結果となる。

百合子は、おいしい店を知っているから案内すると、すっとぼけて、三人を「芳ずし」という自分の家に誘い込む。その店でのやりとりも楽しい。田口が「案外こんな場末のチャチな家がうまいんだ」と、知ったような口を利くと、「場末で悪かったわね」とつっかかる。そこが百合子の家とは気がつかない平山が「君、大丈夫かい、こんなとこへ来ちゃって、帰れるかい」と、的外れの心配をするのもおかしい。

百合子は、素知らぬ顔で職人に、「お嬢さんは？」と問いかけ、相手が返事に困っていると、「ここの娘さん、とっても綺麗なんだ。ちょっと見せたかったわ」と、とぼけた顔で三人のほうを見る。そのうちに店のおかみさん、すなわち百合子の今の母親ひさ（桜むつ子）が戻って来て、百合子とことばを交わす。それを見て田口が「百合ちゃん、だいぶお馴染みだね」と驚く。間宮も「ちょいちょい来るのかい」と百合子の顔を見ると、「うん、毎日」と平気な顔で答えるので、何も知らない三人組は啞然として、たがいに顔を見合わせる。

この百合子を演じた岡田茉莉子は、最後の『秋刀魚の味』では秋子の役だが、『秋日和』で原節子の演じた秋子とはまるで違うタイプの女性である。いわゆる紀子役は、この映画では岩下志麻の演ずる平山路子だろう。この秋子は、その路子の兄、佐田啓二の演ずる幸一の若妻だから、伝統的なアヤ役とも違った位置づけになる。

夫の欲しがっているマックレガーの高級ドライバーを持って打診に来た会社の後輩三浦（吉田輝雄）に、この秋子はいきなり「アア、それ要らないの」と、にべもなく断り、三浦がまだ勧めたいそぶりを見せると、「あんた、押し売りに来たの？」と語気を強め、月賦でもいいと相手がねばっても、「月賦だって駄目よ、駄目駄目」と相手にせず、すぐ「駄目駄目、駄目よ」と語順を入れ換えてくりかえし、念を押す。三浦が未練がましく「僕だったら買うけどなア」と言うと、秋子は「じゃ、あんたがお買いなさいよ」と応じ、「兎に角要らないのよ。持って帰ってよ」と大変な見幕で話を打ち切る。それなのに、三浦の帰り際に、「ハイ、二千円、一回分」と言って、さっと紙幣を差し出して月賦の一回目の支払いを済ませるのだ。

相手を「あんた」呼ばわりする点を含め、気っ風がよく、勝ち気でさっぱりとしていながら、奥に意外なやさしさをひそめた小粋な女であるというあたり、性格的には伝統的なアヤの線を引き継いでいるように思われる。

現実派

タイプはまるで異なるが、杉村春子の扮する『東京物語』の金子志げも、その性格が念入りに描かれている。両親が尾道から上京すると聞き、夫の庫造（中村伸郎）が浅草から和菓子を買って来ると、「高いんでしょ？　こんなんじゃなくていいのよ」と言い、「こんなの勿体ないわよ、お煎餅で沢山」と続けるほど、乾いた現実的な人間として演じている。

東京見物の世話ができないので、親たちを熱海の温泉旅館に行かせたところ、平山周吉・とみの老夫婦は予定より早めに戻って、この娘の美容院の店に入って来た。あてがはずれ、露骨に「アラ、もう帰ってらしたの？」と本心を口に出す。そのやりとりを見た客が「どなた？」と聞くと、「ちょいと知合いの者――田舎から出て来まして」と、その場を適当にとりつくろう。この応対は、たしかに嘘ではない。だが、自分の両親であるという肝腎の情報を回避しており、いくらか迷惑そうなようすに見えたとしても不自然でない方向に巧みにそらした応答だ。

その二人が尾道に帰った直後、末娘の京子から「ハハキトク」という電報が届き、この志げは兄幸一の平山医院を訪ね、「どうしたっていうんでしょ。お父さんが悪いっていうんならわかるけど」とずけずけ物を言い、「やっぱり行かなきゃいけないかしら？　いそがしいんだけどなあ」としぶったあと、ためらうようすもなく、いきなり「喪服どうなさる？」と言い出すしまつである。

そうして、その母親が亡くなった直後、「紀子さん、あんた喪服持って来た？」「京子、あんたある？」と、嫁や妹のぶんまで手まわしよく確認し、てきぱきと段取りをつける。葬儀のあと、父親の周吉に「ほんとに身体大事にして頂かないと」、「もっともっと長生きして頂かなきゃ」とくりかえすものの、その当人が部屋から出て行くと、今度は「でも、なんだわねえ。そう云っちゃ悪いけど、どっちかって云えば、お父さんが先の方がよかったわねえ」と、本音をはっきり言うので、兄の幸一も返すことばに窮する。

そうかと思うと、「ねえ、京子、お母さんの夏帯あったわねえ、ネズミのさ、露芝の」と妹に確認し、「あれあたし、形見にほしいの」と言い出し、「それからね、こまかい絣の上布、あれまだある？　あれもほしいの」と早くも形見分けの話に入り、言うだけ言うと、「兄さん、あんた、いつ帰る？」と、もう帰京の準備に取りかかり、「京子、あたしにご飯」と、早速腹支度を始める。いくら腹でそう思っていても、家族の手前なかなか実行に移せないことを、この女は一向に気にするようすもなく、周囲が唖然とするほどてきぱきとやってのける。この実行力は、まったくもって、みごとというほかはない。

四　口ぐせの詩学

「ちょいと」の分布

小津安二郎の作品を何本もじっくりと鑑賞していると、ああ、またこのせりふ、と思うことがよくある。そのうちのいくつかは、笠智衆や佐分利信、あるいは杉村春子や原節子たちの演ずる登場人物の口ぐせであり、いくつかは小津映画を特徴づける独特の言いまわしであり、またあるものは小津作品に頻出する単語、あるいはその一語形である。

頻出することばの中でも、特に耳につくのが「ちょいと」という形だろう。それはまず、「ねえ、ちょいと、あなた」というふうに、ちょいと崩れた感じの女が、ちょいと甘えたような調子で、人に呼びかけるときなどに、昔、盛んに使った口頭語レベルの感動詞である。そういう女性に限らず、「ちょいと、ごめんなさい」「ちょいと、忘れ物ですよ」などと、以前は一般に広く使われ、しょっちゅう耳にしたものだ。今でも時折は耳に入ってくるが、ひところよりぐっと減ったように見受けられる。自分でも使おうとするが、そのたびにわざとらしい響きが気になってしまう。

「ちょいと」というこの語形は、もともと「少し」よりくだけた感じの「ちょっと」がさらに崩れた形だから、もちろん、「いくらか」「若干」といった意味合いの副詞としても用いられる。その場合のランクは、こんな関係になるだろうか。「少し」は特に改まらないごくふつうのことばで、「ちょっと」は硬い文章には使いにくく、おもに会話で使い、せいぜい親しい間での手紙に書く程度の、口頭語レベルのことばであると思われる。

その点、この「ちょいと」という語形は、感動詞用法にしろ、副詞用法にしろ、話しことば、それも改まったスピーチなどでは使いにくく、「ちょいと、ねえさん、お酒」「ちょいと一杯どうだい？」「ちょいと遅すぎやしねえか」というふうに、もっぱらくだけた会話で使う俗っぽいことば、そんなレベルにあると考えてよい。

それでは、小津映画の中で、この「ちょいと」という形が、いつごろ、どんなところで、どんな人物の口から出てくるかに注目して、古い順にちょいとたどりながら、ほんのちょいと調べてみることにしよう。

まず、サイレント映画は語りの性質が違うから、この調査から除外する。すると、昭和十一年、トーキーを使い始めてすぐの作品『一人息子』にすでに現れる。一人息子の良助が、田舎から東京に出てきた母親のつねに、「おッ母さん、ちょいと」と呼びかける例がそれだ。翌年の次作『淑女は何を忘れたか』でも、杉山（坂本武）に「君はどうするんだい」と聞かれた小宮（斎藤達雄）が「うんちょいとね」と応じ、すかさず杉山が「ちょいと？」と言ってにやりとする場面が出てくる。

昭和十六年の『戸田家の兄妹』では、姉の千鶴（吉川満子）が玉露を口にして「これ嚙んでいるとねむくならないの」と説明するのを聞いて、弟の昌二郎が「そう、ちょいと下さい」と言い、掌に受けて自分も嚙んでみる。同じ作品で、戸田家の三女節子（高峰三枝子）に「お姉さま、お出かけ？」と聞かれた長男の妻和子（三宅邦子）が「ええ、ちょいと……お友達の、神戸の谷本さんね、知ってるでしょう？」と応じ、尋ねた節子のほうも、その後、母に、「ちょいとお姉さまのとこ……そう申上げて来ます」と、謙譲語さえ交えた丁寧な表現の中で、このくだけた「ちょいと」を用いている。

戦後昭和二十四年の『晩春』では、曾宮周吉が「ちょいと見といでよ」と言い、その娘の紀子も、「いつ？」という父の問いに「お昼ちょいと過ぎ」と答える。翌年の『宗方姉妹』でも、真下頼子（高杉早苗）が「ちょいと……お客さまお帰りんなったら、カトレアへお電話頂戴って」と店員に呼びかけて伝言を依頼するし、宗方家の次女の満里子も「でも、ちょいと本気なとこもあったんだ、へへへ」と照れ笑いをもらす。同じ作品でも、飲み屋「三銀」の客（河村黎吉）は「あすこに天ぷら屋があるでしょうが……ちょっと曲ったところにさ」と、「ちょっと」の形を使っている。

昭和二十六年に出た『麦秋』では、会社の専務の佐竹が、築地の料亭「田むら」で、「ちょいと話があるんだ」と、部下の間宮紀子に縁談を持ちかける場面があり、候補の男の写真を見ながら、「ゴルフもおれよりうまいし、男前も……おれよりちょいといいかな」という調子で、「ちょいと」を連発して相手に勧めようとする。ところが、そのことばに、紀子も「ちょいと人を迎えに行かなきゃなりませんから」と、同じく「ちょいと」を使って、やんわりと話をそらしてしまう。

翌二十七年の『お茶漬の味』でも、雨宮アヤ（淡島千景）に「どッか行くの？」と聞かれた節子が「ええ、ちょいと」と応じるし、特にヒロインの佐竹妙子（木暮実千代）などは、「じゃ、ちょいと旦那さまに断わっとこう」「いないのよ。ちょいと前、お客さまと出かけたんだって」「うん、ちょいとあぶなかったけど」「ちょいとお丼」

というふうに、「ちょいと」を連発する。

その翌年の『東京物語』は、まさに「ちょいと」の花盛りで、ちょいと壮観である。まず、尾道に住む主人公の平山周吉の会話には、「ちいっと」は一回出るが、この「ちょいと」は出てこない。その妻とみの口からも「ちょいと」という語形は現れない。話す相手が家族や土地の人、あるいは、上京した子供たち、それに同郷の知り合い程度で、ほとんどが方言交じりの会話であり、これはむしろ自然だろう。

ただし、東京に住む連中は違う。戦死したらしい次男の嫁の紀子は、夫の兄にあたる幸一に「じゃちょいとご挨拶して」と言うし、隣の奥さんに「じゃちょいと貸してね、すみません」と言って、義父母のために酒を借りる場面もある。長男の幸一も「ちょいと心配な子供があって、急に出かけなきゃならないんですがね」と、上京して来た父親に訳を話して往診に向かう。「おれも困ってんだ」とか、「お母さん、汽車ン中で、ちょいと具合悪くなって、大阪でおりたそうだけど」とかと、妹の金子志げに言い、尾道に駆けつけた際にも、「お父さん、ちょいと」と周吉を隣の部屋に呼び出し、医者の立場から母親とみの容態を告げる。

その妹である美容師の志げも、「ちょいと、それ取って」と夫の庫造に要求し、実の親を「ちょいと知合いの者」と客に答え、「ちょいとキヨちゃん、あんた、ここピンカールして」と助手に指図する。その客も「ちょいとキヨちゃん、ほかの雑誌貸して」という言い方をする。志げはさらに、両親に「今晩はちょいと家で寄合いがあるけど」と言い、「じゃ、ちょいと」と階段を降りる。母親が危篤になって尾道に行き、亡くなったあと、妹に「ちょいと京子、あたしにご飯」と言ってせかす。

夫の庫造も、「ちょいと風呂行ってくる」と妻に言うし、周吉の同郷の先輩にあたる沼田三平も、酒に酔って、おでん屋の女主人の加代（桜むつ子）に、「おい、ちょいと来てお酌してくれえ、おい」と言うが、相手にされない。

このように登場人物の大半が、「ちょっと」に代わる「ちょいと」という語形を使うのだが、多くの小津作品に出演してこのことばを連発するせいか、なかでも特に杉村春子の印象が強いようだ。その杉村も、三年後の昭和三十一年の『早春』の田村たま子の役では、夫の精一郎（宮口精二）に「ちょっと」と呼びかけ、「あんた、今日、帰り忘れないでよ」と言う場面もあるが、「ちょいと、この中へカリントウ入れて来たの」と、本来の口調に戻る。

この作品では、杉山昌子の友人である富永栄（中北千枝子）は、「ちょっと、あんた、思い出してンじゃないの？」と昌子をからかうし、昌子の夫正二の浮気相手、金魚というあだ名の金子千代（岸恵子）も「今日ちょっと都合悪いの、フフフン」とか

「ちょっと出られない？」とかという言い方をする。

しかし代わりに、そのライバル関係にある妻の昌子は、「ちょいと、いいの？　時間ギリギリよ」と夫に言い、その夫の杉山自身も「ちょいと風呂イ行ってきます」と昌子の母のしげ（浦辺粂子）に向かって言うが、会社で上司である課長に言うときはさすがに「ちょっとおくれまして」と改まる。しかし、同じく会社の先輩でも小野寺喜一に対しては、本来なら「ちょいと」では済まない自分の浮気について、「ちょいと僕が間違いを起したんです」という軽い言い方をする。相手の小野寺のほうも、「ああ、ちょいと大きい注文取ったんでね」と、この杉山には「ちょいと」という語形を使っている。会社の同僚の岡崎（永井達郎）も、「おい、ちょいと」と杉山に話しかける。さらに、千代のオフィスの洗面所からも、「ちょいと好い男」という同僚の女子事務員の声が聞こえてくる。

一方、通勤仲間の青木大造（高橋貞二）は「ああ、ちょっと風呂行って来たんだ」という言い方だが、それに対する杉山のほうは「ちょいと里イ行ってンだ」という言い方だ。まず兵隊の会の坂本（加東大介）も、夜遅く上がりこんで迷惑をかけるせいか、杉山の妻に「ちょっと失礼します」と挨拶している。杉山の会社の先輩で今はブルー・マウンテンという店の主となっている河合豊（山村聰）は、「恰度それが池田さんのお邸の前だったんで、ちょいと覗いてみたんですが」と、馴染み客の服部東吉（東野英治郎）と話している。

翌昭和三十二年の『東京暮色』でも、杉山明子が遊び仲間に「ううん、ちょいと用があンの」と言うし、中華そば「珍々軒」のおやじ下村義平（藤原釜足）が、「あすこの横丁のちょいと凹んだとこね」と、明子たちの実母で、今は近所で麻雀屋を経営している相馬喜久子に、酒の燗をつけながら言うシーンも出てくる。

翌三十三年の『彼岸花』では、まず平山清子（田中絹代）が「ちょいと好さそうな人よ、谷口って人」と、娘の交際相手について、夫の渉に報告すると、夫も「そんな、ちょいと見たくらいでわかるか！　無責任なこと言うな！」と怒り出す。その夫の平山は、友人三上周吉の娘である文子に、「ねえ君、ちょいと」と呼びかけ、かねて父親から預かったお金の入った紙包みを渡そうとする。

翌三十四年の『お早よう』では、富沢とよ子（長岡輝子）が「ねえ奥さん、あのねえ、ちょいと変なこと伺うようだけど」と、隣家の林民子（三宅邦子）に、声をひそめて話しかけ、別の場面でも、筋向いの原口きく江（杉村春子）に「ちょいと奥さん」と声をかけ、「ちょいとちょいと」と手招きする。そのきく江も民子に「いいえ、いいんです。ちょいとお話があってね」と話し出すが、「さ、どうぞ、散らかってますけど」と招き入れられると、今度は「じゃ、ちょっと」と言って上がり込む。相手の民子のほうは「あたし、ちょっと行って見て来ます」という言い方で通す。

同じ年の作品『浮草』では、八重（賀原夏子）は「ちょっと兄イさん」と呼びかけ、嵐駒十郎（中村鴈治郎）も「オイ、ちょっとわいの着物出して」と命じ、すみ子（京マチ子）も「ちょっと呼んでおくれやすな」「ちょっと貸して」と頼み、「ちょっと、あんた、ここの息子さんか」と尋ね、「ちょっとあんたの腕試しや」と言う。あの杉村春子の演ずる本間お芳でさえ、ここでは駒十郎に「ちょっと」と呼びかける。その息子の清（川口浩）も、当然「お母さん、ちょっと行ってくるわ」と言う。上方のことばがベースとなっているせいか、この作品にはどうやら「ちょいと」の語形が見当たらないようだ。

「ちょいと」の語感

翌年の『秋日和』で「ちょいと」が華々しく復活する。まず冒頭のシーンで、法事の席に遅れて着いた間宮宗一は、田口秀三に「おそかったじゃないか」と声をかけられると、「アア、ちょいとね」と応じる。その田口のほうも別の場面で、事情も知らずにしゃべっている友人の平山精一郎を、「ま、お前はちょいと黙ってろ」と制止する。桑田服飾学院の院長夫人（南美江）も、「ね、ちょいと」と、フランス刺繡の講師をしている三輪秋子を促して院長室へと向かう。築地界隈の料亭の女将とよ（高橋とよ）も、「ア、ちょいと、あちらのお座敷お酒だよ」と、女中に指図する。

ところが、その翌年の『小早川家の秋』では、この「ちょいと」がすっかり影をひそめる。北川弥之助（加東大介）は「ちょっと帝塚山のお得意さんに絵を届けてから来るいうてましたッ」と言うし、造り酒屋の隠居小早川万兵衛も「うん、ちょっと思い出したンや」「ちょっとおしっこや」と言う。店の事務主任の山口信吉（山茶花究）も、「ちょっと伝票見せてみイ」と、事務員の丸山六太郎（藤木悠）に指図するし、「ちょっと」と丸山を促して立ち上がり、店の一隅に誘いこんで二人でひそひそ話を始める。

小早川酒造の若主人である久夫（小林桂樹）も、「けど、ちょっとでもお休みンなったらどうです？」と言うし、客の磯村英一郎（森繁久彌）も、「そやったら、僕、ちょっと席はずして、その人が来たら、偶然来たような顔して出てくるわ」とか、「そやったら君ね、もちょっと責任持ったらどや」とかと言う。そのお目当ての女性、小早川秋子（原節子）も「ちょっとお電話借りて」、末娘の紀子も「ちょっと手紙」と言う。

結局、大阪を舞台にしたこの映画にも、田舎まわりの一座をとりあげた『浮草』の場合と同様、やはり東京の下町じみた「ちょいと」という語形は現れない。

その翌年、昭和三十七年に撮影された最終作『秋刀魚の味』では、舞台が東京やせいぜい川崎あたりであることもあって、予想どおり「ちょいと」が復活する。平山周平が監査役をしている会社に、中学時代の同級生で今は大和商事の常務をしている河合秀三（中村伸郎）が訪ねて来る冒頭近くのシーンで、平山が「よウ、なんだい」と聞くと、河合は「いやア、ちょいと横浜まで来たもんだからね」と答える。

その平山自身も「ちょいと」派だ。娘の路子に「こっちイおいで」と話しかけると、娘のほうは「ちょっと待って。もうすぐだから」と応じるが、それに対して平山は、「ちょいとおいで——おすわりよ」と呼び寄せる。

結婚して別に住んでいる長男の幸一がやって来た場面でも、「下向いたりすると、この辺チョイと似てるんだ」と、あるバーで、若いころのお母さんにちょいと似た女性を見かけた話を切り出す。幸一としては実のところ金を少々都合してもらおうと思って実家にやって来たのだが、父親に「なんだい、今日は？」と聞かれると、すぐには無心しにくく、「エエ、ちょいと……」とことばをにごす。この幸一はゴルフ練習場のシーンでも、「オイ、ちょいともう一ぺん貸せよ」と言って、会社の後輩の三浦豊の持っているマックレガーのドライバーを借りる。

こんなふうに具体例でたどってみると、『浮草』や『小早川家の秋』のような方言の飛び交う映画では、「ちょっと」はあっても「ちょいと」と崩れる語形は出てこないことがわかる。そして、『お茶漬の味』『東京物語』『秋日和』『秋刀魚の味』など、主に東京という大都会を舞台にした作品に、「ちょいと」の形がよく現れる、という傾向が見てとれる。

また、どういう人間がその語形をよく使うかという観点で整理してみると、こんな現象が明らかになる。まず、いくら小津映画でも、都会育ちであっても、子供のうちはこんな形を使わない。大都会に住む大人であれば、男性でも女性でも、若くても中年でも老人でも、実にさまざまな人物がこの形のことばを口にする。とりわけ珍しいことばではないから、「ちょいと」という形の使用頻度が高いということ自体はさほど独特なわけではない。

しかし、東京に住む大人の登場人物の多くが、ごくふつうの日常語である「ちょっと」という形をめったに用いず、いつもそれを「ちょいと」と崩した語形で愛用しているという事実は、小津映画の世界を象徴しているように思えるのだ。「ちょいと」と聞くと、観客はすぐ笠智衆・佐分利信・中村伸郎・杉村春子・淡島千景らを連想するだろう。その語形が彼らの演ずる作中人物の像をくっきりと描き出すという側面もある。

その意味で象徴的とも言えるこのことばの、ちょいと崩れた雰囲気は、東京というちょいと頽廃的で、ちょいと都会的なセンスの走る街に暮らす、ちょいと垢抜けた男女の、ちょいとくだけた、ちょいと甘えた感じの、ちょいと親しみをこめた、そんなちょいとばかし小粋な味を演出できると、小津監督が考えていたふしもある。

「ちょいと」というこの語形は、小津の畏敬する作家志賀直哉の口ぐせでもあったと聞く。そう考えると、『お茶漬の味』で、（ちょいと茂吉の肩の埃を払って）と佐竹妙子のしぐさを指示し、『東京物語』でも、おでん屋の店主について、（女主人のお加代は、ちょいと小粋な中年増である）と人物紹介するなど、シナリオのト書きにまで「ちょいと」を使用するほどの念の入れ方であったことも納得できる。

「いやア」の似合う人物

小津映画を観ていて、「ちょいと」に次いで耳に残る登場人物の口ぐせといえば、「いやア」という応答だろう。こちらは「ちょいと」よりも使う人間の範囲が狭い。女性はまず用いない。年齢層にも偏りが見られる。もちろん、子供でそんな言い方をする例は出てこない。『晩春』で、曾宮教授の助手を務める服部昌一（宇佐美淳）が、曾宮の娘の紀子に「すみません、助かったわ」と礼を言われて「いやア……」と照れるとか、『秋日和』で、間宮の部下の後藤庄太郎が「イヤア、喧嘩しない方がいいな」と交際中の三輪アヤ子をたしなめるとか、あるいは、『秋刀魚の味』で、戦時中に平山艦長の部下だった坂本（加東大介）が、久しぶりに出会った元の上官に「いやア、ほんとにお久しぶりですなア」と懐かしがるとか、ごくまれに、比較的若い人が使う例も現れるが、大部分は笠智衆や佐分利信の演じる初老の男である。

具体的に述べよう。『晩春』では、東大教授役の笠智衆が扮する曾宮周吉がこの語形を使う。親友の京大教授、三島雅夫の演ずる小野寺譲が、鎌倉の周吉の自宅を訪問し、方角の話になる。「こっちかい海」に始まり、「八幡様はこっちだね?」と、連続して方向の予想がはずれ、「東京はどっちだい」と聞く。周吉が「東京はこっちだよ」と教えると、小野寺は「すると東はこっちだね」と見当をつけるが、またしても間違える。そのとき、周吉が例によって「いやア」と打ち消し、「東はこっちだよ」と、まるで別の方角を指す。この漫才もどきのやりとりに、小野寺は「ふウん、昔からかい」と、落ちをつけ、周吉が例によって生真面目に応じることで、その笑いが増幅する場面である。

『麦秋』では、矢部たみが「お宅の省二さんも……」と、戦後何年か経っても戦場から戻らない次男のことを話題にすると、間宮周吉は例の「いやア」という感動詞で打ち消し、寂しそうに「あれはもう帰って来ませんわ……」と語を継ぐ。まだどこかで生きていると思いたい母親の志げが、「人間って不思議なものですねえ……今あったことをすぐ忘れるくせに、省二が元気だった時分のことハッキリ覚えてるなんて……」と水を向けても、周吉はやはり「いやア」と応じ、「もう帰って来ないよ……」と、まるで自分に言って聞かせるように、強く否定する。

『お茶漬の味』では、佐分利信の扮する佐竹茂吉がその役だ。妻の妙子が「ねむい?」と聞くと、茂吉は「いやア……腹へった」と答える。二人でお茶漬を掻きこむシーンでも、茂吉は「夫婦はこのお茶漬の味なんだ」と諭し、妙子が反省の色を見せると、またもや「いやア、いいさ」と妻をいたわる。

笠智衆の扮する『東京物語』の平山周吉は、この「いやア」を特に頻発する。子供たちの住む東京へ出かけようと支度をしている周吉に、隣家の細君（高橋豊子）が「立派な息子さんや娘さんがいなさって結構ですなア。ほんとにお幸せでさあ」と声をかけると、こちらの周吉もやはり、「いやア」と軽く打ち消し、「どんなもんですか」と謙遜してみせる。空襲の焼け跡からようやく復興した東京の場末で町医者をしている長男の家に到着した際も、幸一が「お父さん、お疲れでしょう」と、旅の疲れを気づかうと、心配させまいと、やはり「いやア……」と打ち消す。いっしょに旅をしてきた妻のとみに「疲れなさったでしょう」と言われたときは、若干変形して「いんやア……」という形で応じている。また、郷里の先輩にあたる沼田と、おでん屋で飲んですっかり酔っ払い、美容院をしている長女の金子志げの家に、夜遅く沼田を引き連れて帰って来る場面では、その見知らぬ酔客を見とがめた志げが「どなた？　お父さん」と不機嫌な顔を見せると、ここでも「いやア……」と答えにならない応じ方をする。

終わり近く妻の葬儀のあと、戦死したらしい次男昌二の嫁の紀子が「あたくし、そんなおっしゃるほどのいい人間じゃありません」と言うシーンでも、「いやア、そんなこたあない」とすぐに打ち消す。「そういつもいつも昌二さんのことばかり考えてるわけじゃありません」と紀子が自分を責めると、やはり「いやア」と応じて、「忘れてくれてええんじゃよ」といたわりのことばをかける。それでも「いいえ、狡いんです」と自分を責め続ける紀子を、「やっぱりあんたはええ人じゃよ、正直で」と逆に褒める。紀子が「とんでもない」と強く否定すると、周吉はまた「いやア……」と言って、妻の形見の時計を手渡す。

ラストシーンの、隣家の細君とのことばのやりとりも、この調子である。「(長男も長女も三男も、そしてこの次男の嫁も) 皆さんお帰りになって、お寂しうなりましたなア……」という細君のいたわりのことばにも「いやア」、「ほんとに急なこってしたなア……」というお悔やみのことばにも「いやア……」、そして、「お寂しいこってすなア……」と立ち去るときにも「いやア……」という一言を返すだけで、遠い海を眺めては溜息をもらす。

「いやア」の機能

ある一定の人物が多用するこの「いやア」には、いったいどういう意味やニュアンスがこめられているのだろうか。『彼岸花』の主役、佐分利信の演ずる平山渉は、会社の同僚である曽我良造(十朱久雄)に、家族で箱根に行ったという話をし、「どうでした、箱根?」と促されると、「イヤア、サーヴィス大いに努めましたよ」と説明し、曽我が「そう、たまにはいいよ」と応じると、平山はただ、「イヤア……」とだけ答える。この「イヤア」はどちらも、明確な否定とも言えない曖昧で微妙な特殊用法だろう。河合(中村伸郎)も、小料理屋若松の女将(高橋とよ)をからかって、相手がよく意図がのみこめずに「なんです?」と聞き返すと、女が強いと男が生まれるという俗説を前提にした話題を、「イヤア、いい体格だっていうんだよ」とごまかす。

これも似たような用法だろう。

『秋日和』の平山も、これを連発する。まず、以前、三輪周吉（笠智衆）からもらったワラビの塩漬けについて、当人に「イヤア、大へん結構でした」と礼を言う。家でも、そわそわしているところを、息子の幸一に「どうかしたの」と聞かれ、「イヤア、どうもしないけどね、お前、どう思う」と応じる。友人の間宮に「そりゃ田口の方がよかないかい」と言われて、「イヤア、あいつアどうも余計なこと云いすぎていけないよ」と答えるし、その田口に「お前、また元気が出て来たじゃないか」とひやかされたときも、「ウム？　イヤア」と曖昧に応じる。三輪秋子と再婚できる可能性が出てきたと、間宮に「祝盃あげなきゃいかんな」と言われて、「イヤア」と照れると、すかさず田口に「イヤアって、お前が奢るんだよ」とからかわれる。その田口に「しかしよかったねえ平山君」と言われたときも、やはり「イヤア、ありがとう。持つべきものは友達だ」と感謝する。

間宮も田口もこの「イヤア」を愛用する。間宮が「イヤア、それにしても今日のお経は長かったね」と言うと、田口も「イヤア、坊主の奴、サーヴィス過剰だよ」と受ける。特に間宮は「イヤア、三輪の奴（秋子の亡夫）、果報取りすぎたんだよ」、「イヤア、全くだよ」、「イヤア、うるさいこった」、「イヤア、たとえばお母さんが再婚されるとしたら、どうなんだい」、「イヤア、今日はよかったよ。お日柄もよく、滞りなくすんで」と、大した意味もなくしばしばこのことばを口にする。この作品では主役でない周吉にも、「イヤア、よかった」という発言例が出るし、小津映画の常連たちの口ぐせとして出そろっている。

最後の作品『秋刀魚の味』でも、おなじみの周吉から周平に役名は変わっているものの、その平山がこの「いやア」を連発する。娘の路子に「アラ、また酒くさい」と言われて、「いやア、今日はそう呑んどらん」と答える。中学時代の同級生の河合に、恩師の佐久間みたいになりたくなかったら早く娘を嫁にやれと、からかい半分に忠告されて、「いやア、おれア大丈夫だよ」と打ち消し、さらに「路子ちゃんがヒョータン（佐久間のあだ名）の娘（杉村春子）みたいになったら、どうするんだ」と迫られると、「いやア、あいつだって……」と否定しかかる。その佐久間に「平山さんは海兵へいかれたんでしたなア」と言われた折も、「いやア、どうも」と応じる。バーのかおる（岸日今日子）に「こないだのあれ（軍艦マーチ）かけましょうか」と聞かれると、「いやア、まア、いいよ」と断り、事情を知らない長男の幸一が脇から「なんです」と尋ねても、「いやア……」とうやむやにしてしまう。

路子の結婚相手にいいと思った男が、別の女とすでに婚約していたことを知って、「いやア、お父さんがもっと早くその気になりゃよかったんだけどね」と後悔する。路子の気持ちを知らなかったんだから仕方がないと、幸一がフォローしても、「いやア、お父さんがウッカリしてたことが一番いけなかったんだ」と路子にあやまる。

その後、見合いの話が起こったとき、返事が遅いので別の女性ときまりそうだと、ちょい悪の仲間である河合や堀江に、念入りにもっともらしくかつがれてショックを受け、それが冗談だとわかったときも、「いやア、ちょいとあわてたよ」と本音をもらす。河合夫人ののぶ子（三宅邦子）に、「でも、平山さん、路子ちゃんがいなくなると、お寂しくなりますわねえ」と同情され、やはりまた「いやア……」とまぎらしてしまう。

こう見てくると、この「いやあ」と応答する感動詞は、小津好みの男の平凡な人物たちが、軽く打ち消したり、謙遜したり、感動を控えめに表出したり、まさに多様な意味合いで、何かにつけて彼らの口をついて出てくる。その意味でこのなにげない口ぐせは、小津映画に周吉なり平山なり間宮なりという一定の名で登場する役柄の、あの凡庸ながら人間味にあふれ、恥じらいを知る人物の性格づくりの一環となっているように思われる。

『東京物語』（1953年・写真提供　松竹）

五　時代の気品

「行ってまいります」と言った時代

今ではもう幾昔も前のことになるが、国立国語研究所に勤務し国家公務員の身分だった時分、アメリカで六月からひと夏、大学で日本語を教えた経験がある。所はバーモント州のミドルベリーという町で、カレッジの建物を借り切って、全米から募った大学生を相手に、毎年定期的に九週間コースの語学校が店開きをする。ドイツ語などはすでに百年を超える歴史を有し、フランス語を本格的に学ぶのに、パリに行かずにこちらに来たという日本人にも出会った。そのうち日本語学校はたしか七年目だったはずだ。

そのカリキュラムの中に、日本語教育の一環として、日本の映画を鑑賞する夕べという催しがあった。映像をとおして日本人の生態や、日本の社会、あるいは伝統的な文化を理解させるのが目的なのだろう。そこで、たまたま稲垣浩監督の映画『宮本武蔵』を、その学生たちに交じって見物する仕儀と相成った。どういう仕掛けになっているのか、画面に「三船敏郎」という文字が映った瞬間、漢字もろくに知らないはずの初級日本語コースのアメリカ人たちもいっしょになって、足踏みしながら一斉に拍手を始めるのだから、まず文化の違いにこちらが驚く。どこまで理解できるのかいささか不安に思うが、豊田四郎監督の『雪国』なども、学生はけっこう興味深げに見入っている。そんな中に小津監督作品では『東京物語』と『お早よう』が入っていた。

その年はちょうど初級の日本語の新しいテキストを作成中で、入門用としては珍しく全体がストーリーになっている。日本人の留学生がアメリカで生活しながら文化の違いに気づく前編と、そこで知り合ったアメリカ人が日本に留学し、いろいろな伝統行事を体験する後編とから成る物語構成の教科書であり、最後はテレビで紅白歌合戦を観たあと、除夜の鐘を聴いて終わりになる、そんな筋書きがすでにできあがっていた。

その案の細部を詰めるべく編集会議を時折開く。なにしろ在米生活の長い日本語教師たちが中心だから、日本の現況を知らせるために、産地直送のこの新米教師も顔を出すはめになった。相手が目上だろうが目下だろうが委細構わず「ごくろうさま」で済ませたり、代わりに「お疲れさまでした」で間に合わせたりする新型の日本人が出現したというような本場の活きのいい生鮮日本語を紹介して、あっと驚かせるためである。

その教科書の最初のほうに、学校に出かける場面がある。当然「行ってまいります」という挨拶を教える段取りになっていて、その日の検討会がなごやかに大団円を迎えようとするころ、にわかに使命を自覚して、最近は「行ってきます」と言う子供が多い、というよりも、「行ってまいります」という挨拶をほとんど耳にしなくなったことを報告する。現代日本語というよりも現在日本語のトレンディーな話題を提供した瞬間、保守と革新に分かれて激しい論戦が展開し、会議が紛糾するかと思いきや、そのとたん、しらけた冷気が一場を支配した。その場に居合わせた教師連中、まさかという表情で凍結したように一同ことばを失う。

単に故国の不可解な実態を厳正に伝えてみたまでのこと。こんな敬意を割り引いた「行ってきます」の水準まで伝統の挨拶を値下げする現状を憂えているのだ。「行ってまいります」だから「行ってらっしゃい」と送り出すのであり、もし「行って来る」と声をかけられたら、「行って来い」と応じるのが相場だろう。「行って来ます」に見合うレベルは「言って来なさい」程度ではないか。現状のように、「行ってきます」にいちいち「行ってらっしゃい」と応じていたのでは採算が取れない。毎日送り出すたびに累積赤字が増え、そのうち敬意不均衡から挨拶摩擦が生じかねない。そんな愚にもつかぬことを、その場で考えていたかどうかは忘れたが、ともかくしらじらとした空気を肌で感じ、その教科書では結局、「行ってまいります」の形で教える原案のままとし、そこに簡にして要を得た註釈をほどこして現場の窮状を知らせることとして、その場をまあるくおさめたような記憶がある。

凜とした敬語

中流の時代と言われて久しい。実際に多くの日本人がそういう意識を持っているという調査結果もあったかもしれない。だが、あの小津映画の世界、『東京物語』ひとつ例にしても、今ほど豊かでなかった時代、これほど贅沢ではなかった当時の同じ中流家庭を描く映画の中で、人びとはどうしてあんなに丁寧なことば遣いをするのだろう。むろん、そのころの日本家庭の典型ではなかったかもしれないし、現実をどこまでリアルに描いたかもわからない。ある部分は小津の世界であったかとも思う。

しかし、凜とした時代に生きた「文士」というものが消えて、「ものかき」ばかりが増えてくる世の中の推移、あるいは、「品格」ということばが流行語になるほど、失われた品格を取り戻そうと躍起になっても、そのことばだけが上滑りするだけの現状を考えると、あの映画の世界には、まだ日本が本気で品位を保とうとしていたあの時代の空気が反映している面もあった気がする。ことばや作法の変化は徐々に起こるから、ふだんは気がつきにくいが、こんなふうに半世紀以上も隔たった映画を振り返りつつ対比してみると、あの美しかった日本語はいったいどこに行ってしまったのだろうかと愕然とする。

そのあたりを『東京物語』の実例でたどってみたい。電報を打ってくれたかと聞かれた息子は、「打ちました」とデスマス体で父親に答え、「何してらしたんです」と尊敬語を用いて話しかける。その父親は、お風呂をどうぞと言われると、「じゃあ、いただくかね」と謙譲語を交えて応じ、ゆっくりと立ち上がる。久しぶりに顔を合わせた嫁も、「お父さま」と呼びかけ、「ご無沙汰申し上げております」ときちんと挨拶したあと、「お疲れなさったでしょう」と気づかい、「お母さま、致しましょう」と手伝いを申し出る。そもそもキーノートが「およろしかったら……なりますかしら」という高さなのである。

それに引きかえ、最近はこんな話も聞く。外国人用の日本語のテキストに「はい」

という応答の形を載せたら、妙齢の教師から不自然だという抗議が寄せられたらしい。一億総司会者かと思うほど、自分のことばのあとに「はい」を連発しておきながら、肯定の返事のほうは、「はい」でなく「ええ」が相場だという感覚らしい。会社でも部長などの上司の指示に、今やたいていの社員は「わかりました」と応じて疑わないようだ。よほど躾のよい一流の店でもない限り、客からの注文に「わかりました」で間に合わせる時代になっている。昔の常套句「かしこまりました」の形は、寄席の大喜利の座蒲団運びなど、世の片隅に細々と生きながらえているにすぎない。それが、『東京物語』の中では、ごくふつうの受け答えとして家庭内の会話にも現れるのだから、まさに隔世の感がある。

「ご機嫌よろしゅう」ということばも、学習院など一部の特殊な社会を除けば、今では番組の司会者などの営業用の挨拶などに名残をとどめている程度だから、小説や映画の中などで一個人の控えめな口から思いがけなくそんなことばが飛び出したりすると、はっとするような美しさをかもしだすこともある。

心や態度でなく、ことばの形だけ切り離して問題にすれば、現在も敬語の量はそれに引けをとらないし、社交的な敬語など、むしろ氾濫ぎみの感さえある。臨時休業で客に迷惑をかける場合は別にし、「本日は定休日につきお休みいたします」で十分だった挨拶が、今や「お休みさせていただきます」までへりくだらないとぞんざいに響くらしい。愛読されて迷惑に思うへそまがりの著者はめったにいないはずなのに、「愛読させていただいております」と言われて面くらうこともある。時には「尊敬させていただいております」などというものすごい例に出あうこともある。「おっしゃられる」といった媚びた二重敬語がはびこり、どうかすると、「そちらは雨がお降りでしょうか」とか、「お洋服にシミがおつきになる」とかと、相手側の雨に気を遣い、シミまで尊敬するような、猛烈な過剰敬語までまかり通る。揉み手待遇はけっして気持ちのいいものではない。いくら高い待遇形式でも、むやみに連発したのでは、ことばのインフレが起こって、ありがたみがなくなってしまう。

小津映画で、敬語がその場にふさわしい敬意を運ぶのは、自分の立場や相手との関係、場の違いなどに応じて、ことばが適切に使い分けられているからである。これは敬語だけの問題ではない。たとえば、『東京物語』で、母親役の東山千栄子が訛ったアクセントや独特のイントネーションで口にする「ありがと」「さよなら」といったことばの響きは、映画を見終わったあとまで、しばらく耳に残る。印象に残るのはいかにも心のこもった言い方に響くからだろう。が、こういう美しい日本語も、相手の顔をまともに見ながらあんなふうに口にするのは、今はなにか照れくさい。どうしたものかしらん？

礼儀のかたち

これはむろん、『東京物語』だけの特殊事情というわけではないし、純粋にことばだけの問題でもない。たとえば、『戸田家の兄妹』という戦前の作品でも、三女の節子は母に、「ね、お母さま、今日ね、銀座でとてもおいしそうな佃煮があって、よっぽど、昌兄さまのとこへお送りしようかと思ったんだけど、やめちゃったの。お母さまにもっと頂いとけばよかったと思って」と言う。親子の間の対話らしく親しい調子を保ちながら、母親を「お母さま」と呼び、兄のことも「兄さま」と呼ぶなど、いずれも「さん」でなく「様」待遇とし、「もらう」でなく「頂く」、兄の所へも「お送りする」と謙譲語を用いるほどの表現レベルだ。ここまではことばの問題だが、何を頂くのかという対象について口に出さない点に注目したい。

実はこの前に、節子が友人の時子（桑野通子）に、「あたしにおごらして。今日、お母さまに頂いて来たの」と、自分がご馳走することを申し出、「来かけに道の真中で頂いたの。誰か見てやしないかと思って恥しかったわ」と説明する場面がある。ここでも、母に何を「頂いた」のかという肝腎の情報がきれいに省かれている。かつての日本文化では、金銭というものを不浄なものと考え、それを意味することばを口にしないように努めたようで、言わずにわからせるのが、ひとつのたしなみであった。いっしょに食事をしたあと、そんな不浄な話題を避ける意味合いもあって、誰かが黙ってさっさと支払いを済ませるのが粋だった時代のことである。現代ではそんな粋が通用しないから、帰り際にそれとなくトイレに身を隠してみても、もくろみははずれ、自分で払うはめになるのは必至だろう。

その当時は、道の真ん中で金銭の受け渡しをするのは、それこそたしなみのない証拠であり、その現場を他人に見られるとひどく恥ずかしかったにちがいない。麴町の屋敷町で生まれ育った、そんな節子の価値観のあらわれた発話なのだろう。しかし、相手の時子のほうは、「だめだめ！　そんな事が恥ずかしくちゃ」と応じているから、そういうたしなみがすでに古くなりかけていたことがうかがわれる。とはいえ、金銭のことをあまり露骨に表現することなく相手に察してもらおうとする、あの時代の気品が感じられよう。札をむきだしでなく封筒に入れて手渡す心くばりはまだ生き残っているようだ。

人前で露骨に言うことを控えていたのは金銭だけではない。『秋日和』では、秋子とアヤ子の親子が、小綺麗なとんかつ屋で食事をして、立ち上がるときのやりとりにも、今では考えにくいほどの配慮が見られる。アヤ子が「お母さんミシンの針買うんでしょ?」と言うと、秋子は「それから夕のつくもの」と、クイズめいた答えをする。鯛も鱈も蛸も、たらば蟹も、タンドリーチキンも、たまねぎも、たらの芽もあるなかで、アヤ子が「アア、タラコ?」と大きな声で正解を叫ぶ。すると、みんなに聞こえるわよというふうに、秋子ははしたない娘を軽く睨む。人前で金銭や食べ物の話をするのはたしなみがないと、あからさまに口に出すのをためらう、そんな時代がたしかにあったのだ。

『東京物語』で、夫の両親が上京して家にやって来たとき、文子(三宅邦子)は「いつも御無沙汰申しあげておりまして」とか、「お母さま、ほんとにお久しぶりで」とかというレベルの丁寧な表現で挨拶し、二、三ことばを交わしたあと、きちんと会釈して、お茶を淹れに立つ。当時の日本語が美しく感じられるのは、立ち居振る舞いの、こんなちょっとした心づかいとともに、そのことばが発せられる、そんな背景のせいもあるだろう。

志げは兄の平山家を訪ね、兄嫁の文子に手土産を差し出して、「ちょいと変なもの持ってきちゃったのよ、うちの近所のお煎餅なの。わりとおいしいのよ」と言う。あとで「おいしい」と説明するのに、まずは「変なもの」と一往はへりくだってみせる。

一般によく使われる「つまらないものですが」のたぐいだ。「何もありませんが」などもその延長線上に位置する。この種の独特の謙辞は、日本語の省略表現に慣れていない人にしばしば誤解されるが、これは謙虚な日本的表現なのだ。つまり、絶対的な価値を問題にしているのではなく、立派な相手に差し上げるにふさわしい高級品ではないが、自分としては精一杯なので、この程度でお許し願いたい、そんな気持ちがこもっているはずである。

ここでも、その到来物を入れる菓子鉢を戸棚から取り出した文子のほうも、こんな粗末な器で申しわけないという気持ちを前面に出し、「こんなんですけど」と、やはりためらいを見せる。戦死したらしい次男の嫁の紀子が、義理の母のとみに、「おいしくないでしょうけど、どうぞお母さま」と言って、出前の丼を勧める場面もある。むろん、これも、その店の料理にけちをつけているのではない。十分なもてなしができなくて申しわけがないという自分の気持ちを伝える、謙虚な応対なのである。

家庭内の尊敬表現

今度は、ことばそのものの丁寧さ、礼儀正しさという観点から、小津映画をふりかえってみよう。昭和五年の古い作品『お嬢さん』では、美青年（毛利輝夫）が熱情的に手を取ると、そのお嬢さん（栗島すみ子）はその手を振りはらって、笑いながら、「御冗談遊ばしちゃいけません」と言う。その美青年が帰宅すると、若い妻（浪花友子）が「お帰り遊ばせ」と出迎える。それから大分経ってから、昭和三十一年に出た『お早よう』でも、さほど上品とは言いかねる原口きく江役の杉村春子が、近所の家に子供を連れ戻しに行った、その帰り際に、その家の派手好みの若奥さん（泉京子）に、「ごめんあそばせ」と会釈して出てくる。こんなふうに、質素な暮らしの一般家庭にも、まだ「遊ばせ」ことばが生きていたらしい。

『宗方姉妹』で、節子が、結婚前に恋人だった田代宏に、立派になったと言われ、「そうでしょうかしら」と応じている。二人の関係から考えて、今なら「そうかしら」ぐらいが相場だろう。その節子は妹の満里子に「見てらっしゃい」と命じるが、これも今は「見て来て」程度だろう。

『秋日和』の秋子は、夫の七回忌の法事が済み、寺の庫裏でくつろいでいる席でさえ、亡夫の親しい同級生たちに向かって、「お蔭さまで面白うございました」と、ゴザイマス体で挨拶しているが、これもこういう間柄では今は考えにくいほど丁寧だろう。『小早川家の秋』の秋子は、妹の紀子にともかく見合いをしてみるように勧め、「いやなもの無理にいけなんて、お父さんだって文子さんだっておっしゃりゃしないわよ」と言うが、ここも今なら、「行け」に合わせて「言いやしないわよ」程度がふつうだろう。『秋刀魚の味』の秋子も、夫の幸一に、その妹の路子のことを話題にして、「お父さんがね、お嫁にいけっておっしゃるんだって」と、やはり「おっしゃる」を使う。つまり、一家の中の父親という存在に対しては、当人が目の前にいなくても、家庭内の会話で尊敬表現が使われているのが注目される。今なら、夫婦間の対話として「言うんだって」あたりが自然な感じだろう。『お早よう』では、押し売りの男（殿山泰司）さえ、「どこのお宅でもそうおっしゃいますがね」と尊敬語を使っているが、ここはそういう不当な丁寧さで不気味な感じを演出する意図もあるのかもしれない。

『戸田家の兄妹』では節子が、兄嫁の和子やその客がケーキを楊枝でつっつきまわした残骸を見て、反感を抱きながらも「お気に召さなかったのかしら」と尊敬表現を維持。抗議を申し込む時にさえ、「お姉さまのとこ……そう申し上げて来ますの」と謙譲表現を忘れない。長女の千鶴は実の母をきついことばで責めるときでも、「お母さまだってお分りの筈じゃありませんか、何人も子供をお育てになって」と、尊敬表現を崩さない。次男の昌二郎も、親のことになると、妹の節子にさえ「お母さん、お好きなのか？」と言うし、その節子も兄に「駄目よ、お母さまのせいになすっちゃ、お兄さまよ……どう……お好き?」と、やはり尊敬表現でものを言う。

むろん、戸田家だけの特殊事情というわけではない。『風の中の牝鶏《めんどり》』では、時子(田中絹代)が夫に「何あがる……何召し上がりたい」と、デスマス抜きでも尊敬語で待遇する。『晩春』でも、父の周吉に「叔母さんは?」と聞かれた紀子は、「今日はおいそぎなんですって、まっすぐお帰りになったわ」と答える。『東京暮色』でも、孝子は妹の明子に「お父さんご存じないんだから」と言うし、『麦秋』の紀子は幼なじみの謙吉に「ウンとご馳走してお貰いなさいよ」と、今ではめったに耳にしない「貰う」という動詞に「お」のついた形を用いているし、『秋日和』の間宮も喫茶店で、「まア、おかけよ」とアヤ子に声をかける。

『東京物語』の周吉も次男の嫁の紀子に「やっぱり前の会社にお勤めか?」と尋ね、長男の幸一も「お父さん、手拭なんかお持ちですか」と尊敬表現を欠かさない。紀子は夫の両親に「ご機嫌よろしゅう」と挨拶し、「お父さまお母さま、ちっともお変わりになりませんわ」というレベルで丁寧に接し、「お母さま、致しましょう」と姑のほどいた帯を畳もうとする。長男の嫁の文子も、「お父さんお母さん、あたしお供しましょうか」と案内役を申し出る。長女の志げが「じゃお父さんお母さん、明日はお出かけね?」と念を押すと、幸一は「ああ、日曜だからね。どこかご案内するよ」と、実の妹にさえ、その場にいない両親に対するへりくだりの表現で答える。とみも夫の周吉を「疲れなさったでしょう」と尊敬語で待遇する。文子も夫に「お昼、何上るの?」と、「食べる」でなく「あがる」を使う。『秋刀魚の味』の路子も同様、父親に「お茶漬あがる?」と聞く。

こんなふうに、家族やごく親しい間柄の対話でも、目上の人に関係した行為には、当人がその場にいなくても、原則として尊敬表現や謙譲表現を用いていることがわかる。『父ありき』では、息子の良平が父(笠智衆)に小遣を渡す場面で、今なら「もらっておこうか」と言うと思われるところで、親でも「じゃいただこうか」と謙譲表現をとる。『宗方姉妹』でも、節子が兄嫁に、「あのお姉さま、お先へやすまして頂きますけど」と言うし、『秋刀魚の味』の佐久間が昔の教え子に「先日はどうもわざわざお越しいただいて」と礼を言う。自分のことを「あたくし」と言う『お早よう』の林民子はさすがに、近所の奥さん、きく江に、「知りません」でなく「存じませんわ」と答えて、品格を保つ。

今ではすっかり「行って来ます」が主流となってしまったが、この章の冒頭で言及したように、小津映画の時代はまだ「行ってまいります」の伝統がきちんと守られていたらしく、『麦秋』の紀子は兄嫁の史子に、『東京物語』の京子は冒頭近くで父の周吉に、終わり近くで兄の未亡人紀子に、いずれも凛々しいこの形で挨拶している。大人だけではない。ともに村瀬禅の演ずる『麦秋』の実と『東京物語』の実も、『お早よう』で設楽《したら》幸嗣の演ずるもう一人の実もその弟の勇（島津雅彦）も、近所の幸造（白田肇）も、そういうごくふつうの家庭の子供たちでさえ、「ます」が「まアす」と伸びることはあっても、どの子もすべて「まいる」を用いた崩れない形できちんと挨拶している。

『東京物語』の志げは、「じゃお父さん、いずれまた」と挨拶して親と別れる。現代では「じゃ、また」が一般的だろう。文子も、夫の両親が寝るときに、水差しを持って来ることを、「只今お水を」と言い、その後、義母とみが倒れて「ハハキトク」の電報が届いた際にも、「よっぽどお悪いのかしら?」と「お」を付ける。紀子も、「忙しいんじゃなかったんか」と周吉がねぎらうと、「いいんです」ではなく「よろしいんです」と応じる。男の幸一でさえ、親に「よろしかったら」という言い方だ。今では、「よかったら」とさえ言うかどうかあやしいほどだろう。舅や姑に対しては、文子は「およろしかったらお風呂」、紀子も「およろしかったらお帰りに寄って頂いて」とさらに丁寧度を上げるし、紀子はとみに当面の小遣を差し出すときにも「お恥かしいんですけど」と言い添える。

「お子さんおいくたり？　って聞いたら、三人でございます、って澄ましてるの」といった『晩春』でのやりとりなど、現代ではふだん忘れている日本語かもしれない。『麦秋』の史子は夫の父である周吉に「おじいちゃま」と呼びかけ、その兄の茂吉老人のことを「大和のおじいさま」と言う。「お父さま」「お母さま」を含め、一般家庭でも「さん」でなく「さま」をふつうに使っていた時代だったのだろう。

後述里見弴訪問の前月に、同じ雑誌の企画で訪問した折、都会的な女性の甘えをひそめ、作家の永井龍男が教養をやわらかくしたような感じもあると語った、この作家好みの「あたくし」という一人称代名詞も、小津映画ではまだ健在だ。「わたくし」では野暮ったく、「あたし」では気品に欠けると、永井の繊細な言語感覚が洞察した「あたくし」の語感だ。『東京物語』の紀子、『お早よう』の民子、『小早川家の秋』の秋子あたりは、さしずめそういう女性の存在感を示す系譜をなしているのだろう。『東京物語』の紀子は、亡夫の母親とみから「どおな一つ、敬三のお土産」と岩おこしだか粟おこしだかの缶を勧められて「はあ、どうも」と恐縮する。『彼岸花』の近藤（高橋貞二）も、会社の上司の平山に、バーで注文する際に「おんなじでいいだろう？」と言われて「はア」と神妙な面持ちだ。この部下、「ここだよ、ルナ」と促されては「はア、イエ」、「おなじみらしいじゃないか」と図星を指されては「はア」、それ以後も、「はア、すみません」「はア、頂きます」と恐縮しっぱなしである。

上下関係が緩んだのか、なにごとも相対的になったのか、この恐縮の「はア」は近年あまり耳にしないような気がする。今では「はい」どころか「ええ」ぐらいが相場なのかもしれない。こうして小津映画をそういう眼でたどってみると、勤勉で、控えめで、礼儀正しい日本人の暮らしていた、凛とした時代というものが、この国にたしかに存在したことを思わせる。

六　会話の芸

輪唱

映画評論家の佐藤忠男は、溝口健二や今村昌平の作品では対立と葛藤がドラマの根幹なのに対し、小津作品ではむしろ調和と協調が基本となり、会話はデュエットのように進行すると述べて、『晩春』の一場面を例にあげている。「こっちかい海」「イヤこっちだ」「ふうん——八幡様はこっちだね?」「イヤこっちだ」「東京はどっちだい」「東京はこっちだよ」「すると東はこっちだね」「いやア、東はこっちだよ」「ふウん、昔からかい」という調子で、こともあろうに京都大学と東京大学の教授どうしが、まじめな顔でやりとりするシーンだ。佐藤が「漫才もどき」と評するこの会話は、もちろん、それぞれの教授の口にするこのような一つ一つの発話が伝える論理的な情報にはほとんど意味がない。観客が、その二人はたがいに気のおけない間柄であることを感じとり、観ている側もそのハーモニーを共有して愉快な気分になる、そんな働きをしているのだ。佐藤が「輪唱」と呼ぶ、このぴたりと息の合った対話は、そういう人柄の描写にこそ作品上の役割があるのだろう。

小津映画では、既視感を誘うシーン、観客がいつか見たことがあると思うような場面、どこかで出会ったことのある気がする人物を丹念に描いてきた。そのため観客は、それぞれのシーンで交されるせりふに親近感を抱き、そこに生活の匂いを嗅ぎ、人生を味わう思いがする。

西岡琢也は、ありきたりの表現を巧みに積み重ねることで、味わい深い会話を創出したと述べ、その一例として、『東京物語』のラスト近くに出る、老母が亡くなって家族たちが寄り集った場面をあげて、老父、長男、長女、次男の未亡人、三男、末娘のそれぞれの会話が、その人間の性格描写となっていることを指摘した。特に、「どお、今夜の急行」「紀子さんまだいいんでしょ」「ちょいと京子、あたしにご飯」といった長女志げの会話には、この人物の強引さと生活感がにじみでているという。

小津映画を支えた会話に注目する脚本家の西岡はまた、周吉のくりかえす「いやア」に、老妻に先立たれた深い悲しみ、「己を処し切れない戸惑い」、家族の前では出せなかった「呻きに似た心情」を読みとり、近所の細君との無言の時間にも、ことばで応じようのないつらさを共感するのである。

リチーは、小津映画に特徴的に見られる「そういうもんよ」という人生の受けとめ方をとりあげ、それは他人の罪をとがめることばでも、それを赦すことばでもないと述べた。世の中というものは、子供のころに考えたような、そんな綺麗なもんじゃない、いやでもみんなそうなってゆくのだと、ありのままを快く受け入れることばだと言う。『東京物語』の終わり近くで、兄や姉たちの行動を、親に対して冷たいとなじる香川京子の演じる京子を、原節子の扮する紀子が、やさしくたしなめるシーンでの美しいほほえみ、それは好むと好まざるとにかかわらず起こる現実の変化をそのまま受け入れる象徴なのだろう。

潤滑油たる無駄

小津監督自身が、『お早よう』について、「芸術院賞を貰ったからマジメな映画を作ったと言われるのもシャクだから」と、オナラの競争をする子供たちが登場する映画を作ったのだという。ただ、「人間同士というのは、つまらないことばかりいつも言っているが、いざ大切なことを話し合おうとするとなかなかできない」、そんな映画を撮ってみたかったというのは、古くからあたためていたテーマだと述べている。福井平一郎（佐田啓二）と有田節子（久我美子）とが、愛し合っていながら、「いいお天気ですねえ」「ほんと。いいお天気」、「あの雲、面白い形ですねえ」「アア、ほんと。面白い形」、「この分じゃ、お天気二、三日つづきそうですね」「そうねえ、つづきそうですわねえ」といったやりとりだけで、二人が別れてしまうラストシーンなど、まさに伝達しあう情報量が極小でありながら、そういう作品のテーマを雄弁に語っている。その小津自身が雑誌のインタビューに応じて、せりふは必要なことだけしゃべればいいというものではなく、味をつけなければならず、一見無駄なことばがそのために働いて全体がぴったり来ると述べている。

その一見無駄に見えるものとして、小津映画ではしばしば天候の話題が出ることに着目したリチーは、その機能を推測している。『秋刀魚の味』に、ちょっとしたいさかいのあったあと、妻（岡田茉莉子）が「ああ、いい天気」とつぶやき、夫（佐田啓二）もしばらくいっしょに窓の外を眺めるシーンがある。このような感情的な緊張の強い場面で、こういう天候への関心がその緊張を解くところまでは働かなくとも、その緊張場面を中断する効果がある、という指摘は、何となくわかるような気がする。夫婦間の気持ちのねじれといった目下の関心事の外に、それとは何の関係もない広大な自然に目を向けることによって、人間世界に起こっている出来事がいかにちっぽけな問題であるかを意識するのだろう。

『麦秋』に、たみの、子持ちの息子の後妻にというとっさの申し出を、あっさり受諾した紀子が、その帰り路で、そんなこととは知らないお相手の謙吉とすれ違う場面がある。「明日、何時、上野？」「八時四十五分の青森行きですよ」「そう。じゃ、おやすみ」という二人のやりとりについて、佐藤忠男はこう解説する。今お宅のお母さんから求婚されてOKしたなどと、若い娘がすれ違いざまに言うはずはないから、こんな挨拶だけで別れるのは別に不自然ではないが、観客にとってはユーモラスだという。のちに〝ユーモア〟の章で詳述するような、杉村と原とのあの感動シーンが先行していることによって生じるおかしみだ。観客はその事情を知ってしまったために、謙吉と紀子とが偶然出くわしたその場で、二人がどんな反応をするかを勝手に楽しみにし、それが空振りに終わってあっけなく思う、そんな笑いなのだ。

筋運びと描写の会話

『小早川家の秋』での原節子の演ずる秋子に、「品行はなおせても、品性はなおらない」というせりふがある。浜野保樹によれば、志賀直哉から届いた手紙の最後に、

「どうか遊びに来てくれ給え」とあるのを読んで、小津は「どうぞ」でなく「どうか」と書いたところに、ぜひいらっしゃいという志賀先生の気持ちがこもっていると、ことのほか喜んだという。そんなふうに、言葉の意味や語感の微妙なニュアンスを感じ分ける映画監督は、台詞《せりふ》まわしの口調をシナリオ段階から細かく指示するのに、リアルに再現しようとする里見弴の小説に見られる方式を採用したことは、ごく自然な選択であったろう。小津の台詞づくりの細かさを確認する手始めに、個々のせりふの機能分担という芸の細かさを具体例で味わってみたい。

その小早川家の酒造工場の事務所で、山口と丸山とがひそひそ話をしている場面がある。「なア大旦那さんなア、このごろなア、よく出てはるやろ。ちょっと臭いンや。そんでなア、……。本宅でも心配してはンのや。——君なア、一ぺんなア、ご苦労やけどなア……」という山口のせりふに、丸山が「本宅でっか」と尋ねると、山口は「違う違う、あとつけるンや。あと……」と命じる。丸山が「今からでっか」と確認し、山口が「うん、そンでなア、あとつけてなア、どこ行きはるか……」と念を押すシーンだ。

この部分のシナリオに小津は、それぞれのせりふのどこを大きな声で、どこを小さな声で言うか、声の大小を指定している。山口のせりふのうち「大旦那さんなア、……ちょっと臭いンや……本宅でも心配してはンのや」「違う違う」「あとつけてなア」という箇所に傍点をほどこし、そこだけは比較的大きな声になるようにという指示である。こうすることで、二人はたしかに小声で内緒話をしているのだが、ときどきとぎれに聞こえてくる声だけで、ささやいている話の筋が観客に伝わる。

こういう筋運びを兼ねる芸の細かい会話は、『秋日和』にも例が見られる。百合子が、おせっかいの枢軸とも言うべき間宮・田口・平山という小父さまトリオと論戦を交えて意見調整をしたあと、祝杯をあげることになり、すっとぼけて自分の家の寿司屋に連れて来る。そんなこととは知らない間宮が「ずいぶん遠いんだね。ここかい、うまい家ってのは」と言う。実際に誘っている場面は出てこないが、うまいことを言って彼らを遠くまで案内して来たということが、この短いせりふ一つでわかる仕掛けになっている。つまり、経緯をさりげない一言で説明するこのせりふは、いわば簡潔に筋運びの役割をも果たす効果的な発話となっている。

同じ作品で、先方に平山と再婚する気持ちがあるかどうかを、田口が三輪秋子に確かめに行く話が持ち上がる。なかなかその結果報告が届かず、いつまでもらちがあかないことにいらだち、平山が間宮に橋渡しを頼もうとする。ところが、内容が内容だけにどうも話を切り出しにくい。「だから、つまり、ソノ、お前からだな、一応だな、先方へだな」という、何ともまどろっこしい平山のせりふは、この大学教授が年甲斐もなくしどろもどろしているようすを巧みに映し出している。ぶつぶつと切れる台詞の構造が、その言いにくさを形にしたものとして、象徴的な役割を果たしていると言えるだろう。

口調の模写

小津が蓼科の野田高梧の別荘にこもり、二人で共同執筆している現場を、俳優の渡辺文雄が陣中見舞いに訪れると、まず眼に飛び込んできたのは、部屋中にばらまかれた何百枚ものカードだったという。相談しながら書いていて、途中でせりふに詰まると、二人は部屋中を這いまわって、ぴったりはまりそうな表現が書かれたカードを探しては、「これどうだい」「うーん、ちょっと違うな。もう一息」という調子で、また別のカードを探す。そういう現場の奮闘ぶりを見てしまうと、俳優が勝手にせりふを少しいじるなどということはできなくなってしまうと、渡辺は心境を語る。

小津自身も『晩春』をふりかえり、野田との協同シナリオの場合、せりふ一本まで二人で考えながら、ことばじりを「わ」にするか「よ」にするかというところまで二人のイメージはよく合うと述べている。それでも、むろん、それぞれの好みというものがあるから、浜野保樹によれば、小津は「おい、おい」といった反復が好きで、野田は「行ったかね、今日」といった倒置の形を好んだという。

「会社へ」でなく「会社イ」と発音させるなど、怖くなるぐらい監督の要求がきびしいと、数多くの小津映画に出演した俳優の中村伸郎が語ったらしい。シナリオのそういう細かい指示が、親交のあった作家里見弴の表記法に倣ったものであることは疑う余地がない。

日中戦争、当時の支那事変の時に応召し、中支を転戦していた小津安二郎は、昭和十四年一月二十六日の日記に、「衛兵所で蠟燭をつけて紅茶をのんで、里見弴の鶴亀をよむ。会話のうまみにほとほと頭が下る」と書いている。午後に総攻撃を控えた日に、今日はひょっとすると命日になるかもしれないと、心の奥に死を覚悟しながら、里見弴の小説をいい気持ちで読んだと、小津自身が座談会で語ったともいう。これほどまでに里見文学にのめりこんだのは、映画監督として特にその会話の妙に唸ったからにちがいない。事実、筑摩書房の現代日本文学全集の里見作品を収載した巻の月報に、『名代の味』と題する文章を寄せ、小津は「先生の小説の、とりわけ、会話の流麗は、ことごとく、映画のシナリオにも通じ、僕には、この上もないテキストなのです」と記している。

昔、同じ筑摩書房の雑誌『言語生活』の連載企画で作家訪問をした折、その六月号の分として三月末に鎌倉扇ヶ谷《おうぎがやつ》の里見家、本名山内英夫邸を訪ねたことがある。その折、米寿を迎えたとは思えない若々しい声で、初対面のインタビュアーにいきなり「だいたい君はだなア」てなふうに話を切り出すのには面くらった。「場合」はバヤイ、「今度は」はコンダと発音し、「一口に言っちまやア」「ニュアンスが出ちまわアな」「それなんざ、ひどいもんだよ」「いろいろあらアな」てな調子で語りかけてくるのだから、聴いている側は小説の作中人物になったような気分だったかもしれない。

この作家は、短編小説『椿』のラストシーンなど、地の文でさえ「可笑しくって、可笑しくって、思えば思えば可笑しくって、どうにもならなく可笑しかった」と、まるで笑いそのものの生理的リズムを思わせる表現で、登場人物の息づかいまでを読者に伝える語り口だ。それだけに作中の会話の生々しさは絶品である。親交を深めた小津は、シナリオ段階で里見の意見を求めることもあったらしく、実際に里見が手を入れた原稿も残っているという。

道行く人を眺め、映画に使えないほど歩き方の下手な人はめったにいないと言い放つ小津監督だけに、せりふも自然な感じに近づけようと心をくだく。『麦秋』では、アのぶ（高橋豊子）が「何と言ったっけ」の意で「なんてッたッけ、ホラ」と言い、アヤも「何と言っていた?」の意で「なんてってた? 専務さん」と言う。『東京物語』でも、周吉が「そんなことはない」の意で「そんなこたあない」と言い、幸一も「どこかへ連れて行くといったって」の意で「どッかへつれてくッたって」と言う。『東京暮色』の沼田(信欣三)も「何というのです?」の意で「なんてンです」と言う。

『彼岸花』でも、近藤は「というのだろう」の意で「三上ってンだろう?」と言い、河合も「やろうというのだが」の意で「蒲郡あたりでやろうッてンだが、どうだい」、「廻っているというので」の意で「君が廻ってるってンでね」と言い、久子も「どうしたの? と言ったら」の意で「どうしたのッてったら」という言い方をする。『お早よう』でも、実は「言い付けたって」の意で「平気だイ、云ッつけたって! こわかねえやイ」と母親に口答えする。このように、実際の話しことばの特徴を台本の段階ですでにきわめてリアルに再現しようとしている。

『麦秋』では、紀子が「どこまでお読みンなって?」「そういったとこがあンのよ」「帰ンないの?」と言い、アヤも「そりゃ、帰ンなきゃ、ねえエ」「あんたンとこ」、たみも「こりゃあたしがお肚《なか》ン中だけで考えてた夢みたいな話」という言い方をするように、順にニ・ル・ラ・ノという音を「ン」音で発音するように指示してある。

『東京物語』でも同じで、紀子が「ちょいとお待ちンなって」と言い、志げも「こないだンとか」と言い、京子も「どうしても今日お帰りンなるん?」という言い方をする。『彼岸花』でも、久子が「困ンなくたっていいの」という言い方をするし、『お早よう』などは、とよ子が「あなたがお集めンなった婦人会の会費ね、もう組長さんとこお届けンなった?」、みつ江（三好栄子）が「どうしたの、帰ンのかい」、きく江が「全く厭ンなっちゃう!」と言うなど、「ン」音のオンパレードだ。『秋日和』の秋子も「まアお上ンなさいよ」と言うし、『秋刀魚の味』の路子も「これからお友達ンとこいくの」と言う。こんなふうに、シナリオの段階からすでに各役柄の発話口調が実にリアルに描きとられているのである。

　さらに芸の細かい指示もある。『お茶漬の味』の妙子は「右イ曲って頂戴」とハイヤーの運転手に命じ、その夫の茂吉も「中学時分、よく君の兄貴ンとこイ遊びに行ったもんだけど」と言い、アヤも「車よんで、あんたンとこイ廻っても、四時十五分に間に合うわよ」という言い方をする。『東京暮色』でも、周吉は「こっちイおいで、明子お前も」と言うし、重子（杉村春子）も「こないだね、うちイ来てね」と言う。『彼岸花』の近藤も「向うイ行けよ」と言い、『お早よう』の幸造にも「おれ、一ぺん家イ帰ってくらア」というせりふがある。『秋日和』の秋子も「あっちイ行ったりこっちイ行ったり」と言い、『秋刀魚の味』の秋子も「アア、それこっちイ頂戴」という言い方をしている。

こんなふうに、カタカナを巧みに利用して細かなニュアンスを書き分けるのは、まさに里見弴の小説の流儀なのだ。格助詞の「へ」を意味する部分が「イ」と表記されるだけではない。『晩春』のアヤのせりふに、「ツバキだらけ。それが紅茶に這入るのよ、だから、まわりの人だアれも飲まないの」という箇所が出てくるが、「だれひとり」という意味を強めて「だアれ」と発音するようにと導く細かい指示である。そのあとに出る「三人でございます、って澄まアしてるの」という箇所も同じだ。女中の名を呼ぶところにも、「ふみイ」と長く伸ばすよう注意がある。「平気よ。平気平気イ」という箇所も同様だ。『東京物語』で沼田が「おお、ま、一杯ついでくれイや」と言うあたりも細かい。

『東京暮色』で、明子が「むかアしね」と話しかけたり、川口登（高橋貞二）が花札をしながら「こりゃアいいや……おりたッと」と言ったりするあたりも、細部にわたって会話の調子を指示している例である。さらに、『彼岸花』の平山が「おれアこのことには一切関係ないからね」と言うときの「おれア」、『お早よう』のとよ子の「へえエ、そういう人?」というせりふや、幸造の「来いよウ、実ちゃアん」や、民子の「さアさ、もうごはんよ」の箇所にしても、あるいは『秋日和』の間宮の「それをこいつが張りゃアがってね」、『秋刀魚の味』の堀江の「そんな時アお互い気に入るものだ」、秋子の「早アく寝ちゃってさ。ゴルフなんかよしゃいいのよ」なども含めて、いずれも小津の世界を演出する口調として欠かせないものなのだろう。

声音の細密画

自然なせりふで日本人の日常を描く小津映画では、地方が舞台になれば当然そこの方言を観客に理解できる範囲で取り入れようとする。たとえば『東京物語』では尾道のことばだが、その配役がうまく発音できないと、小津が見本を示しながら指導したらしい。それがまた、うまいんだと当時をなつかしむ俳優は、もっともあれは尾道弁というより小津弁だったなとブレーキをかけることも忘れない。

『麦秋』の紀子は間もなく結婚する相手の勤務する秋田に行くことになる。友人のアヤとその話題で盛り上がり、二人で方言の掛け合いが始まる。アヤが「まンずまンず」と切り出し、「ええあんべアだんすな」と言ってみせて、「そんなこと言える?」と尋ねると、紀子も「それぐれしゃべれねえでなんとすけなまンず」と応じる。アヤが「あーや、おらたまげた、東京がらここさ来たばかりで言葉もちゃんとおベエてるし、まンずあねさん、みかけによらねえンごと」と続けると、紀子も「ンだたって、おら秋田さ嫁ンなって行くなだもの、そんこばししゃべれねえでなんとすけなおめエ」と、もっともらしい東北なまりで言い返す。

東北地方のどの地域の方言というより、東北弁というものに抱いているイメージで再構成された東北共通語のレベルかもしれないが、それにしてもみごとな腕前だ。同級生に東北から来た転校生がいたので覚えたということになっているが、秋田行き前の紀子と築地の料亭の娘アヤとのこの方言コスプレは、いささか出来過ぎの感もある。

『彼岸花』では上方ことばだ。京都で旅館の女将をつとめる初（浪花千栄子）は、「へえ、おおきに」「きンののハトで来ましたんやわ」「なんやったいな、お二人にえらい気に入ってもろたもん」という調子でしゃべるし、娘の幸子（山本富士子）も「あんまりどすわ」「うちの言うことなんにも聞いてくれしまへんの」と関西弁まる出しだ。

方言に限らず、口調の模写も細かい。『麦秋』の志げは「いいお嬢さんだって言われるたんびに」と、「たび」が「たんび」となる。『東京物語』のほうの志げも、「帰るんなら帰るってそう云ってきゃいいのに」と、「云っておけば」でなく「云ってきゃ」と発音し、志げ夫婦の対話でも、「まだ東京どッこも見てないのよ」「どッこもご案内できないし」と、「どこ」を「どッこ」と発音して強調のニュアンスを出す。同じ作品で紀子も「お迎いに上ります」と、「お迎え」でなく「お迎い」とイとエの混同を起こし、幸一は「よかないんだろうね」と、「よくはない」が「よかない」と約《つづ》まる。『東京暮色』の重子（杉村春子）も「じゃ送っとくわ」と同様だ。『お早よう』の富沢（東野英治郎）の「云やがるし」という言い方も、「云いやがる」とは一味違う現実味がある。『秋刀魚の味』では、周平が「それでは」でも「それじゃ」でもなく「そいじゃ、うちの娘とおんなじだ」と言い、結婚した娘の路子について、「まあ何とかやってってくれるといいがね」と、親としての心配を口に出すと、幸一が「そりゃ大丈夫ですよ、やってきますよ」と兄として保証する。「やっていってくれる」「やっていきます」という標準的な対話に比べ、「やってってくれる」「やってきます」という崩れたやりとりには現場の空気が濃く感じられる。

語形はふつうでも、野田高梧の好みも反映してか、ほんものの会話らしく語順をわざと乱す試みも目立つ。『東京暮色』で、部屋に入って来た明子に、川口登が「つまンねえとこへ来やがって、見ろこれ」と言って、摑んでいた花札を見せる場面での「見ろこれ」なども、「これ見ろ」という整然とした形より真に迫って感じられる。

『秋刀魚の味』の河合も「ほかに話があるのかい」という整然とした形ではなく、「あるのかい話、ほかに」という語順で発話する。秋子も「よしなさいと云ってやったの」でなく「よしなさいって、そう云ってやったの」という形でしゃべる。どちらの例も、ほとんど目立たない配慮ながら、いかにも実際の会話らしく、自然さ、なめらかさが感じられる。

このように会話のさまざまな姿をふりかえってみると、多方面にわたる数々のきめ細かな言語操作が、小津映画の世界を演出していたことに、あらためて驚くのである。

七　表現の〈間〉

論理の隙間

文学作品でべったりと書き込むのは野暮の骨頂だ。ゆかりの里見弴や永井龍男、あるいは吉行淳之介らの風通しのよい文章を見れば、すぐわかる。小津映画の脚本も例外ではない。

戦前の映画『戸田家の兄妹』で、戸田家の主が狭心症で急死。享年六十九。人生わずか五十年という意識の当時、次男の昌二郎が「もう七十だもの、寿命だよ」と言うと、料亭の女将が「でもまだ……そんなお年でも」と、いかにも惜しかったという表情をする。それでも昌二郎は「いやあ、人生七十古来稀だよ」と、「古稀」のもとになった杜甫の詩を引いて諦観してみせる。そのタイミングで友人が「酒だな」と言う。

この場面だけ見れば、この一言は「ほとんど古稀まで生きたのだから、まあめでたいほうではないか、長生きを祝って一杯やろう」という意味に解せそうだ。が、そのあと、昌二郎が「うん、若いうちの無理が祟ったらしい」と言い、「お女将さんもあんまりやらない方がいいぜ」と続けるところから、酒の飲み過ぎが命取りになった、という意味の発言だったと見当がつく。このように前後関係から意味が通じる場合は、「父上は酒を飲みすぎて命を縮めたのだ」というべったりとした表現はうっとうしく、それよりこの「酒だな」の一言のほうがすっきりしており、それだけ粋に感じられる。

『麦秋』にこんな何でもない日常場面が出てくる。大和のおじいさまがやって来るというので、その弟の周吉すなわち夫の父親に、史子が、どんなものが好きかと尋ねる。何か特別のご馳走をと考えたのだろう。ところが周吉は「好きなのはおカラなんだけどね」と答える。この質疑応答、たしかに質問に正確に答えているのだが、史子の質問の意図には応えたことにならない。その意味で、このやりとりには論理の隙間がある。脇にいた次男の勇（城沢勇夫）が、その答えを聞いて、「ボクも好き」と横から口をはさむ。自分もおカラが好きだというこの発言も、大和のおじいさんにふるまうご馳走という話題と関連はあるものの、史子の質疑の内容にはまったく応じていない。

また、夫の妹の紀子が帰宅し、「ただ今」と声をかけると、史子は「紀子さん？」

と確認するが、紀子は直接それには答えず、「もう閉めていい?」と聞く。どこの家にもありそうなこの自然なやりとりも、論理的には隙間だらけである。『お茶漬の味』でも、妙子が十歳以上離れた妹の節子のことを「この子ぐらいの時、何したって面白いのよ」と言い、アヤも「そう、一番いい時ね、今」と同調すると、当の節子が「何が?」と会話に入ってくる。アヤが「お嫁に行ってごらんなさい、大へんだから」と答えるのだが、これだけでは論理的にきちんとつながっていないから、節子はその関連をつかみかねて、「どうして?」と聞く。観客には、こういう嚙み合わない対話の隙間が楽しい。同じ作品に、会社を訪ねて来た岡田に、茂吉が「どうしたい」と声をかける場面がある。岡田はいきなり「這入れましたよ」と一言で応じる。たったこれだけの、論理的には隙間だらけのやりとりから、相手が無事に就職できたことを察して、茂吉は「そうか。おめでとう。よかったな」と祝いのことばを返す。『東京物語』における志げと庫造の夫婦間のやりとりの場合は、その〈間〉がいささか極端で、観客の笑いを誘う。志げの両親が上京して来たので、庫造が気を利かせて、「金車亭へでも案内するかな」と言うが、実の娘の志げのほうがかえって、「いいことよ、余計な心配しなくたって」ととりあわない。すると庫造は「うまいね、この豆」と、自分のつまんでいる豆に話題を移す。志げが黙っていると、庫造は豆を口に入れながら、「今日はどうするんだい、お父さんお母さん」と話題を戻すが、今度は志げが「およしなさいよ、そんなに豆ばっかり」と、すぐにはその話に乗って来ない。そのあと、「兄さんどっかへ連れてくでしょう」と、何とか話題はつながるのだが、そこに至る切れ切れの話線をたどる観客は楽しめる。

両親が尾道に帰ってすぐ「ハハキトク」の電報が届く。その折の兄妹のやりとりにも適度の〈間〉があって、べったりと野暮ったい感じを免れている。志げが「やっぱり行かなきゃいけないかしら?」と話しかけ、幸一が「ウム」と一瞬〈間〉を置くと、志げは「東京駅で妙なことというと思ってたのよ」と、気がかりな母親のことばを思い返し、「やっぱり虫が知らせたのね」と言って、話の線がちょっとずれかけたところで、幸一が直接それには答えず、「しかし行かなきゃいかんだろう」と、前の問いに答える。

そのあとの尾道での父周吉と幸一とのやりとりも同様だ。明け方までもてばいいほうだと聞かされた周吉が「そうか……いけんのか」と力を落とすと、幸一はそれには答えず、「お母さん六十八でしたねえ」と念を押す。すると今度は周吉がその問いかけとは無関係に、「そうか、いけんのか」と同じことばをくりかえす。会話の流れの中のこういう〈間〉の取り方が実に巧いのだ。こういう隙間から入る風が粋な空気を醸成する。

『早春』でも、小野寺が「今日、君、ひまかい?」と声をかけると、杉山は「なんです?」と聞き返す。日常会話でもたしかにこういう応答の仕方をすることが実際にあるが、質問が要求している情報に対してはまったく応じていない。暇かと聞かれたのに、暇だとも、あるいは、忙しいとも、予定が入っているとも答えず、相手がそういう質問を向けてきたその意図を逆に問い返す応じ方になっている。べったりと嚙み合わない、こういう適度の情報論理の空隙がコミュニケーションの風通しをよくしている。

もっと極端な例も出てくる。田村たま子(杉村春子)が亭主の浮気の現場を押さえた話をする場面だ。小指を出して「これ」を「火の見のそばのアパートに住まわしていたのよ」と言い、「いきなり行ってドアあけたら、うちッたら女のユカタ着てカツブシかいてんのよ」と亭主の情けない姿を語る。「そこへ女が帰って来たの、お風呂からよ。この辺ベットリお白粉塗って、お豆腐買って——。いやな女、いっぱい金歯入れて」と話を続ける。聞いていた杉山昌子が「それで奥さん、どうなすったの?」と促すと、たま子は「どうもこうもないわよ、その辺お豆腐だらけ」と、肝腎の武勇伝はすっ飛ばして、その結果の惨状だけを伝える。野暮な話も粋に見えてくるのは、こういう風通しのいい展開のせいもある。

それに続く暗い感じの作品『東京暮色』でも、周吉と、子供を連れて実家に戻って来ている娘の孝子とのぎくしゃくした対話に、発話どうしが情報の論理の上で直接結びつかない流れが巧みに取り入れられている。孝子の夫について周吉が「この頃、いい様じゃないか」と話しかけるが、「何が？」と孝子にはすぐ通じない。そこで「お前んとこさ」と情報を補って水を向けると、今度は「お茶あがる？ いれましょうか」と孝子は話をそらす。どうも夫のことを話したくないようすで、そのけはいを察した周吉は「ウム、ま、こっちい来ておあたりよ」と火鉢のそばに呼び寄せる。

『彼岸花』での平山と佐々木初とのやりとりにも、そういう情報の隙間がある。初が平山の会社を訪ね、娘の幸子が「わたしのいうこと、ちょっとも聞かしまへんのや」と文脈もなしにおしゃべりを始めるのだが、平山はその予備知識がまるで足りず、「なんの話？」と聞き返す始末だ。

娘の縁談の話と見当はついても、初は「ご存じどっしゃろ、うちへ見える築地の病院の先生」と、平山の知らない人の話に移るので、「その人かい、お婿さん」と尋ねると、「ちがうちがう。まアあわてンと聞いとくれやすな。その先生はもう六十越えたお爺さんどすのや。そんなお方に幸子やれますかいな、可哀そうに」という調子で、なかなか話が噛み合わない。

お相手はその弟子だというところまでようやくこぎつけるものの、初は「こないだ、うちイお泊りやした時、診てもらいましてなア」と言うので、平山が「幸ちゃんがかい」と切れ切れの話を結びつけようとすると、「ちがうちがう。わたしどすがな。ホレ、昔から持病がありまッしゃろ」と言い、「なんだっけ、君の持病って」と聞き返すと、「アノ、おいそがしいのと違いますか」と、ここまで来てようやく気がついたのか、さすがの初も取ってつけたような気遣いを見せる。平山は「ウム、あんまり暇でもないんだがね」とあしらおうとするが、初は「そうどすか。すみまへんなア」と口では言いながら、「ホレ、うち昔からこの辺」と胸を押さえて、また病気の話に舞い戻るから、平山も手を焼く。こういうかみ合わない対話の、すれ違いによって生ずる表現の〈間〉を観客は楽しむのだ。

『お早よう』には、話は噛み合っていても、実際に発音されたことばだけをつないでも論理的な筋がたどりにくい例が出てくる。みんなから集金した会費をちょろまかしたと疑われた林民子が「ええ、たしかに頂きましたわ。じゃ、組長さんに伺ってみましょうか」と言うと、富沢とよ子が「でもねえ……もしかして……」とことばをにごす。そして、民子が「だって、あたくしたしかに……」と言いかけると、とよ子はすぐに「そりゃそう。奥さん間違いッこないわよ」と口をはさみ、その先もまともに応じ合わないまま、「じゃ、どういうんでしょう」「ねえ」「困りますわ、あたくし」といった、ほとんど情報のないやりとりが続く。

〈間〉を楽しむ

『秋日和』になると、こういう表現の〈間〉がさらに洗練され、観客を存分に楽しませる。共通の友人である三輪の七回忌のあと、間宮と田口と平山が料亭で雑談している場面。田口が「やっぱりナニかね、あんな綺麗な女房持つと、男も早死《はやじに》するもんかね」と言いだし、間宮も「三輪の奴、果報取りすぎたんだよ」と同調して、三輪が早死にしたのは妻の秋子が綺麗すぎたせいだと笑い合っているところに、女将のとよがお銚子を運んで来て、「何そんなに喜んでらっしゃるの？」と言いながら、まず間宮にお酌をする。受けながら間宮が「おかみさん、ご亭主、達者だろうね」と話しかける。

美人の女房を持つと男は長生きできないという俗説に従えば、亭主が達者なら女将は美人でないことになり、間宮のこのことばは、おかみさんは不美人だからご亭主は達者なはずだという意味になるから、座についている三人組の男連中は、それまでの話題の延長としてそういう意味の婉曲表現と解釈し、当然にやにやしている。だが、そんな文脈があるとは知らない女将は、社交的な思いやりのことばと思い、にこにこ顔で「エエ、お蔭さまで」とお礼を言うから、よけいおかしい。それまでの雑談の模様を見聞きしてきた観客も笑う。

すると間宮は「そうだろうね」と当然のことのようにあいづちを打ち、田口も「そりゃそうだよ。ご亭主、長生きしますよ」と請け合い、平山も「世の中何が幸せになるかわかりませんよ、ねえおかみさん」と追い討ちをかける展開が、さらに笑いを増幅する。亭主の寿命が自分の顔と関係するなどと思ってもみない女将は、わけがわからないながらも何かからかわれているような雰囲気を察し、「なんです?」と曖昧な表情をして、また観客の笑いを誘う。このあたりのやりとりが、もしもそれぞれの発話で情報を露骨に表現していたら、笑いを誘発する効果が期待できないどころか、聞くに堪えない差別発言となり、そもそもこういうやりとり自体が成立しなかったかもしれない。

この場面では、そのあと間宮が、肝腎の美人妻＝夫短命説を慎重に避けながら、話題のきっかけとなった未亡人秋子の独身時代の話をすると、女将が「ご姉妹かと思ったら、お母さまなんですってね。お綺麗ですわ。それからどうなったんです?」と話の先を促す。間宮が「ところがだよ」と説明しかかるのを、田口が「あとがいけねえんだ」と横取りし、平山も「語るも涙でね」と合いの手を入れるので、「三輪って覚えていないかい」という次の間宮のせりふがどこからどうつながるのか、女将はのみこめず、話は進まない。

同じ作品にこんな箇所もある。秋子が、娘アヤ子の縁談が田口の勘違いだったことを当人に告げ、「でも、また別のがあるのよ」と言うと、アヤ子はあっさりとした調子で「お代わり？　急に売れ出しちゃったな。こんどはどこ？」とおどける。この言い方も、それに対する「間宮さん。いい方らしいのよ。あすこの会社の人で」「いずれ写真や履歴書送って下さるって」という秋子の説明も、ほとんどが主語抜きの風通しのいい文の連続である。そういう表現の〈間〉から、すっきりとした感じが伝わり、そのタイミングでアヤ子が「お湯沸かしてくるわ」と立ち上がるのも、例の間合いだ。

その後、母親の再婚話が持ち上がっていることを耳にしたアヤ子が不機嫌な顔で帰宅し、「お母さん、あたしに匿してることない？」と詰め寄る。例のちょい悪三人男が勝手に計画を立てているだけだから、そんな覚えのない秋子が「何を」と聞き返すと、アヤ子は「今日あたし間宮の小父さまに呼ばれて、すっかり聞いちゃったわ」と、まるで確証を握ったからとぼけても無駄だと言わんばかりに、「再婚なさるの？」と自白を迫る。何も知らない秋子は「えッ？　再婚？」と驚くが、アヤ子はとぼけていると思い込み、「お父さんにすまないと思わないの？　平山さんお父さんのお友達じゃありませんか！」と、候補と聞いた相手の名を出すが、そんな計画のあることをまったく知らない秋子は当然、「平山さんがどうなすったのよ」という反応となる。話がまったく嚙み合わず、最後まで平行線をたどったまま、「もういい！　もういいわよ！」とアヤ子はハンドバッグを取って家を飛び出す。

このあたりのやりとりを振り返ってみよう。母が自分に隠し事をしているものと思い込み、ああ、母に裏切られたという思いばかりが募るせいで、アヤ子の発話には、必要情報の欠けた感情的な表現が目立つ。アヤ子が明言したのは再婚の話だということだけで、それと平山がどうからむのか、間宮が何についてどう言ったのか、という肝腎の情報がことごとく抜け落ちているため、娘がどういう誤解から機嫌をそこねたのか、秋子にはさっぱり要領を得ない。

「話す」は双方向的で、「言う」は一方的な行為である。そういう表現の情報上の空隙のせいで、「話し合い」にならず「言い合い」となって、母と娘の仲が一時は決裂し、ドラマは盛り上がりを見せる。

『彼岸花』（1958年・写真提供　松竹）

八　たしなみの余白

言わぬが花

人間の本音なんてろくなものじゃないと心得ている小津映画の人物は、思っていることをそのまま口に出したのでは、醜くみじめな結果になるとわかっている。だから、落胆だとか失意だとか幻滅だとか、あるいは憤懣や激怒、そういったマイナス感情をそのまま相手にぶつけるような無様なまねはしない。そういう時には、沈黙するか、なにげないせりふを口にして、さらりと身をかわしてしまう。

戦前の映画『戸田家の兄妹』で、戸田家の三女節子に、友人の時子が、「お兄さまのお家の方、うまくいってるの？」と心配げに問いかけ、「お母さま御不自由してらっしゃるんじゃないの？」と追い討ちをかけ、「お母さまとあのお姉さま（長男の嫁）とお合いになるかしら？」と、あくまで疑問の形にして畳みかける。その三つの形式的な問いの連続を受けて、節子は「——分る？　そんなこと？」と問い返し、同じく疑問の形で応じている。つまり、質疑応答の形をとらず、疑問文だけが四つ連続するうちに、二人の対話は意図する方向に進展していくのだ。母親と息子の嫁とが「合う」かどうかが話題になりながら、どちらもそういう核心にはあからさまにふれないまま、話が二人の思う方向に収斂していくのだから、このコミュニケーション、形式的にはなんとも奇妙な流れになっている。

二人がもしも露骨に言い合えば、時子が「お母さま、きっと不自由なさっているにちがいないわ。あんな嫁とうまく行くはずないもの」と言い、節子が「そう、全然合わないんだから、そりゃひどいものよ。わかるでしょう」とでも応じるところだろう。これでは身も蓋もなく、令嬢たちのたしなみが疑われるにちがいない。同じ話題を同じ方向に進展させながら、そういう醜く悲惨な結果になることを回避する、そんな手品のような伝達はどうして可能になるのだろう。

戸田家の姑と嫁との関係がうまく行っていると、もしも時子が思っているならば、節子の母親が不自由な暮らしをしているなどと考えるはずはないし、また、相手の家の嫁姑の仲はどうかなどと、わざわざそんな失礼な質問を発するはずもない。仲が悪いと推測したからこそ、そういう話題に入ったのだ。対話の中でその話題を取り上げたこと自体が、時子の気持ちをなかば代弁しているし、節子もそこはよくわかっている。嫁姑の仲が険悪らしいという推測をストレートに表現せず、疑問の形に控えたあたりに、時子のたしなみが映っているだろう。どちらも肝腎のことをことばに出さないまま、二人の会話はそういう前提のもとで進行してゆく。「仲が悪いでしょう」「わかる？ もちろん悪いわよ」とたがいに本音をまるだしでぶつけ合う対話に比べ、含みを持たせたこういうやりとりは、人間としてのたしなみをしのばせ、日本人には奥ゆかしく洗練されて感じられる。

述べ尽くさない

『晩春』に、曾宮紀子が、父の助手を務める服部に、「それじゃお好き、つながったお沢庵？」と尋ねるシーンがある。これだけでは何が何だかわからないが、その前に、紀子が自分はやきもちやきだと主張し、その証拠に沢庵を切るといつもつながっていると述べ、服部にやきもちと沢庵との間に有機的な関連はないと反論された直後の発話である。理屈でねばるのとは違い、こんなふうに切り返されると、まともな議論にはならず、服部も「たまにはいいですよ、つながった沢庵も」と、両者の関連に対する議論を放棄してしまう。

その後、婚約のきまった服部から音楽会に誘われた紀子が、お相手から恨まれるからと断ると、服部は「繋がってますね、お沢庵」と同じ比喩で切り返し、紀子も「そう、庖丁がよく切れないの」とそれに応じる。どちらの対話でも両者の関係が気まずくならないのは、こういう間接表現によるやんわりとした応対の効果もあるような気がする。

同じ作品にこんなやりとりもある。紀子の帰宅する前に同級生のアヤが訪ねて来て、しばらく父親の周吉が相手をする。「アヤちゃん、近頃盛んなんだってね？」と遠まわしに話しかけるが、アヤは「盛ん」の意味がのみこめず、「何がですの？」と聞き返す。そこで「なかなかいそがしいんだっていうじゃないか」とか「ひっぱり凧なんだって？」とかと言い方を換え、「偉いね」と、就職してタイピストになったことを感心してみせる。そのあとで、「もう小遣いには困らないね」と展開する。いきなり収入面の話題に切り込んでは相手に失礼にあたり、ひいては大学教授としての品位にもかかわるのだろう。ここはやはり、「盛ん」といった漠然とした意味のことばから話を切り出すのが礼儀にかなうのかもしれない。

そのあと、周吉が「その後、あれかい、お父さんお母さん、なんともおっしゃらないかい？」と聞く話の進め方も同様だ。相手の両親が何について話さないのかという肝腎の話題をことばに出さない質問だから、ここでもアヤは当然、また「何を？」と聞き返すこととなる。周吉はやむなく「お嫁の話」と話の方向性を明らかにするが、すぐ「一度で懲り懲りかい？」と、何について懲りたのかを明言しない言い方に戻る。このあたりの周吉のぼやかした物言いには、離婚経験のある相手の女性に対する紳士的な配慮がうかがわれる。

もっとざっくばらんに話し合えるはずの紀子とアヤとの間柄でも、話のやりとりにそれとはまた別種の間接表現が飛び交う。家を出て嫁に行くという考え方だった当時のことだから、離婚経験者の女性に対して「出戻り」という言い方をする。ある日、紀子はアヤに早く嫁に行くように言われ、「あんた、そんなこと言う資格ないわよ」とクレームをつける。アヤが「あるわよ。大ありよ」と結婚を経験した先輩風を吹かせると、紀子は「ないない、出戻り！」と笑いながら面罵し、アヤも負けずに「あるある！　まだワン・ダンだ！　これからよ、ヒット打つの」と野球の喩《たと》えを持ち出して反論する。ここでは紀子も「あんた、まだヒット打つつもり？」と応じ、アヤは「第一回は選球の失敗だもの、今度はいい球打つわよ」とあくまで野球の比喩を続け、とっさに「行っちゃいなさい、あんたも早く！」と本論に戻す。まともに言い合えば角が立ちそうなやりとりだが、ここでは比喩という間接表現がそこを巧みにはずし、逆に楽しい雰囲気をつくっている。

叔母にあたる田口まさが、「さっきの三輪さん（三宅邦子）ねえ」と言って、紀子に「お父さんにどう？」と聞く場面がある。ここでも、何が「どう」なのかを明言していない。そのため、事情のわからない紀子は自然「どうって？」という反応になる。まさは質問の最も肝腎な情報である「再婚相手」という露骨なことばを最後まで避けて、「あんたが（嫁に行って）いなくなりゃ、お父さんも困るだろうし」と、じわじわまわりから埋めてゆく。

父の親友である小野寺が、娘の「美佐子（桂木洋子）も紀ちゃんに会いたがってるんだよ」と言い、紀子も「あたしもお目にかかりたいわ」と応じると、すかさず小野寺は今度の妻もいっしょだということを、「その代り、きたならしいのもくるんだよ」と言う。以前、小料理屋で食事を共にした折、小野寺が再婚したことにふれて、紀子が「何だか――不潔よ」「きたならしいわ」と感想を述べたのを持ち込んだ冗談だ。そのあと、問題の後妻（坪内美子）に会った印象を「紀ちゃん、どうだい、きたならしいの」と執拗に尋ねられ、紀子は「いやよ小父さま」と澄ました顔をする。美佐子が「なアにお父さま、きたならしいのって」とことばをはさむと、さほど気にしていない小野寺は、「うむ？　不潔なんだよ、ねえ紀ちゃん」と、そのことばにこだわってみせ、紀子をからかう。こんなふうに遠まわしに表現して洒落にする芸が、こういう話題のコミュニケーションで、いわば刺抜きの役割を果たしているように思われる。

周吉が「女の子はつまらんよ――せっかく育てると嫁にやるんだから」とぼやく。嫁に「やる」「もらう」と考えた当時の結婚観では、宝物を取られるという意識なのだろう、娘の結婚相手に会いたがらない父親も多かったようだ。そのぼやきに小野寺は「そりゃ仕方がないさ、われわれだって育ったのを貰ったんだもの」と受け、お互いさまだという顔をする。この場合の「育ったの」ということばは、結婚相手が大人であることを意味しているが、「先方の家で大事に育てられたお嬢さん」というふうに明確に言わず、野菜同様、単に「育ったの」という言い方にとどめたところに表現のおもしろみが感じられる。単に省略が多いだけでなく、なんとなく勝手に育ったようなニュアンスもあるからだろう。

『麦秋』に、間宮紀子が兄康一の妻史子にビールを注ごうとする場面がある。康一が「よせよせ、無駄だよ。無理にのむこたアない」と止めると、史子と顔を見合わせた紀子が、「そういう人よ、お兄さんて」と言う。この「そういう」が何を指すやらわからないから、康一は当然「何が？」と聞くが、史子はそれには答えず、「そうよ、いつも」と笑う。ここでは、「自分ですすめといて、すぐ、よせよせ」と言う康一の態度を問題にしているのだが、それを紀子が「そういう人」としか言わないために、合理主義者の当人には通じず、「だって、もう沢山てものを無駄じゃないか」と理詰めで反論する。「でもそこがエティケットってものよ」と、辞退しても重ねて勧めることを、やはり紀子は単に「そこ」としか言わないから、康一はまたしても「どこが？」と反問する結果となる。場の雰囲気がわからないと、省略表現や間接表現はえてしてこういう渋滞を招きやすい。

矢部たみは、息子の謙吉が留守の間に、自分の一存でその再婚話を紀子に持ちかけ、思いがけず相手が承知したため、すっかり舞い上がり、帰宅した息子にいきなり、「ねえお前、紀子さん来てくれるって！　ねえ、うちへ来てくれるってさ！」と知らせる。たみ自身の頭ではさっきから情報がつながっているが、そんな話になっているとは夢にも思わぬ謙吉には当然通じない。単に「うちへ来てくれる」としか言わないこの省略表現はまるで機能せず、謙吉は紀子が何しに来るのかと疑問に思い、そこからとんちんかんなやりとりが展開して観客の笑いを誘う。

『お茶漬の味』に、旅館の池を見ながら女連中がふざけた会話を交わすシーンが出てくる。雨宮アヤが黒い鯉を指さし、「似てない？　誰かさんに……。あれあれ！　あの、大きくてノソノソしてンの」と言うと、黒田高子（上原葉子）が「アラ、悪いわ、そんなこと言っちゃ」とたしなめる。いったいその鯉が何に似ているのか、二人ともことばに出さないまま、話はちゃんと通じてしまう。いっしょに来ている佐竹妙子の夫の茂吉の感じに似ているというのが暗黙の了解なのだが、人をからかう場合でも、こんなふうに露骨にならないように話を進めるのが、たしなみのある人間の配慮であり、皮肉っぽいおかしみも増す。

そのあとも、アヤが「ちょいと感じじゃない？」とくりかえし、高子が「似てないわよ」と打ち消すのだが、どちらも誰のことか肝腎の人物の名を言わずに話は通じてしまう。暗黙の渦中の人の妻である妙子までが、「これこれ、似てるわよ！」とやはり誰と特定せずに話に入って来て、「鈍感さん、召上れ」と呼びかけて、その鯉にえさを投げる始末だ。脇にいた実家の若い娘の節子が「だアれ？　叔父さま？」と話題の人物を特定しようとすると、アヤに「はッきり言うんじゃないの！」と、その子供っぽい露骨さをたしなめられる。

『東京暮色』で、木村憲二（田浦正巳）という男子学生を追いかけまわしている杉山明子という娘に、富田（須賀不二夫）が「ほどほどにしときなよ。おテントさま黄色く見えるぞ」と注意する。ここも相手をからかっているのだが、こんなときにさえ、何を「ほどほどにする」のかという対象をぼかし、肝腎のことを露骨に表現しない大人の節度が見られる。

『彼岸花』にこんな場面がある。京都から訪ねて来た佐々木幸子が元気がないようすなので、平山が「どうかしたのかい」と声をかけると、うつむいたまま「へえ……もうかないまへんわ」「あんまりどすわ、お母ちゃん。そンで、うち、出て来ましたン」「うちの言うことなんにも聞いてくれしまへんの」とこぼすばかりで、肝腎の事情を話さないから、聞いている平山は一向に要領を得ない。実は、平山が娘の結婚に理解がないため、幸子が一肌脱いで芝居をする場面なのだ。そのため、ここの話し方は意図的に具体的な内容を外し、枠組みだけで進めており、なかなか芸が細かい。

その後、友人の河合に「ゆうべ奥さん来られてね、お嬢さんいよいよ決まったんだってね」と、何が決まったのかという情報を省いて言われたときの平山の応対も、「行ったのかい、君ンとこへ」と、結婚することになったという中心的な話題を、妻が河合宅を訪ねたという副次的な話題にずらして応じている。

『秋日和』には特に、こういうすうすうと風通しのいいやりとりが目立つ。まず、田口が、何の時からという情報を省いて、いきなり「お前ンとこは何ン年になる?」と尋ねるので、平山はとっさに質問の意味がつかめず、「何が?」と聞き返すことになる。相手に通じないのを確かめて、田口は「細君を亡くしてさ」と肝腎の情報を補足する。ここは共通の友人である三輪の七回忌の席での対話だから、相手の大学教授の勘さえよければ通じてもおかしくないが、あいにく通じない。結果はともかく、こんなふうに相手のプライバシーに踏み込む話題の場合は、露骨な表現をとらずに通じさせるのが日本人のたしなみなのである。

三輪家の未亡人秋子に、娘アヤ子の年齢を尋ねた間宮は、「もうそろそろだな。ねえ、奥さん」と話を向けると、それだけで、何がそろそろなのかを察し、秋子は即座に、「ええ、お願い致しますわ。いい方がありましたら」と娘の縁談をよろしく頼む。たがいにどこにも「結婚」という語も「見合い」という語も出さないまま、話はなめらかに進む。その後も、間宮が「アヤちゃんの話」と言いかけただけで、秋子は見合いのことだと察し、「それがもうお決まりになってたんですって」と応じる。田口が間に入って進めようとした話が実はもう手遅れだったということが、これだけのことばで伝わってしまう。いかにも日本的なコミュニケーションと言えるだろう。

間宮は、後藤と一緒にいる現場を見かけて、アヤ子に「どういうことになってンだい」と声をかける。自分が紹介しようとした時には断ったはずの相手だったからだ。ここでも「どういう」の内容を探るヒントとなる一片のことばもなく、すべてを文脈と場面にゆだねた表現である。平山が単に「こないだの話ね」とだけ言って、秋子との再婚話を思い出させようとする場面もある。自分のことだから言い出しにくい話題にはちがいないが、言わないで通じる対話は粋に感じられる。

『小早川家の秋』の万兵衛は、自分のあとをつけて来た店員に、「わいにはわかってンのやで」と言う。何がわかっているのかをわざと言わずに、相手にしゃべらせようという魂胆だ。別の場面で、その万兵衛が「なんというても年やさかいな」と言うと、娘の文子は「ほんなら年寄りらしゅうしてたらええンや」と手きびしい。父親が年寄りらしくもなく、家族に内緒で京都に住む昔の女のもとへ通っていることを踏まえ、それらしいことを一切ことばに出さず、わざと抽象的に言う皮肉である。このあたりの会話の運びは、たがいに中心内容を表現せず、そのまわりの話で進めていくところに面白みがある。

『秋刀魚の味』にも、そういう例が多い。会社の監査役を務める平山は、「田口君(牧紀子)どうしたのかね。昨日も今日もお休みだね」と、休んでいる社員のことを話題にし、女子社員が「ナンですか、あの人、結婚するんだとかって」と伝えると、すぐに「ホウ、じゃ、よすのかい」と尋ねる。何を「よす」のかという点に一切ふれない問いかけだが、相手はそれだけで通じたと見え、即座に「さア」と応じている。その当時は女子社員が結婚すると会社を辞めるケースが多かったので、そういう世の常識をベースに「よす」だけで通じ合っていたわけだ。今では結婚を「よす」のかと勘違いする人もあるかもしれない。そのあとも、「君はご主人、何してるの？」と尋ね、相手が「わたくしまだ」と答えただけで、ことばには出さない未婚という情報が伝わってしまう。だから日本語としてすっきりとした感じの対話になるのだろう。言わなくてもわかることまでいちいちことばに出したのではべったりと息苦しい。感触も野暮ったくなってしまう。

同じ場面で、その事務員と入れ替わりに、中学時代の同級生で別の会社の常務をしている河合がやって来て、平山に「いい奴があるんだけどね、やらないか」と言う。その前に平山の娘路子の年齢を尋ねたから、「女」「年齢」「やる」とそろえばたいてい「嫁にやる」話で、相手は縁談だと察するものと河合は思い込み、表現を慎んだのだろう。ところが、あいにく、突然のことで平山は一瞬のみこめず、「何？」という反応になる。

その河合、最近若い後妻をもらった友人の堀江に、「どこ行くんでも細君一緒か」と、からかい半分に尋ねる。相手が「アア、まあ、大体ね」と答えると、横から平山がいきなり「呑んでるのか」と口を出す。堀江もとっさに何の話かわかりかね、「何?」と聞き返すと、平山は薬を飲むまねをしながら「あの方の……」とことばをにごす。初老の男と若い後妻という話題で薬とくれば当然「精力増強」のことと ひらめくから、これで話は通じる。いくら酒の席でも、人前で「強精剤」などということばを口にするのはためらわれたのだろう。やっと通じた堀江は「おれアまだそんな必要ないよ」とまともに答えるが、それでも「そんな」以上に具体化することは控える。そもそもその種の話を持ち出さないほうが優雅なのだが、関心があってつい言い出してしまったから、せめて肝腎のところは言わずにわからせる表現法を駆使して、最低限の品位を保とうとしたものらしい。

そのあとも、堀江が「大きな声じゃ言えないけどね、いいもんだぞ」と、何がいいのかという情報を省略して話しかけ、河合が「何が?」と聞き返すのを待って、「若いのさ、結構うまくいくもんだ」と続ける。ここまで来ても、「いいもんだ」「若いの」「うまくいく」のつながりには情報の空隙が残る。後日、やはり酒の席で、娘を嫁がせた平山に堀江が「今度はお前の番だな」と言う。言われた平山が「何が?」と聞き返すと、堀江は「若いの、どうだい、若いの」とヒントだけ添える。脇にいた河合が「おクスリ呑んでか」とちゃかす。ここでも、対話の中に「再婚」のサの字もなく、また、「呑んで」という連用修飾語のかかってゆく動詞も省略されている。

河合が平山の娘の路子に「お父さんから聞いたかい」「一度お父さんから聞いてごらんよ」と言うときも、縁談という肝腎の情報が故意に省かれている。また、平山は結婚した長男の幸一に単に「お前ンとこ、まだ出来ないのかい」と尋ね、何が「出来ない」のかを明言しない。「子供」「赤ん坊」「赤ちゃん」などという単語を用いなくても相手は察しがつくからだ。

そして、路子が結婚式に出かけるために家を出る直前、万感をこめて「お父さん」と呼びかけ、何か言いかけると、平山は娘の手を持ち添えて、「アア、わかってる……しっかりおやり……」とことばを返す。お前の気持ちも、言いたいことも、俺にはみなわかっているから、ことばはもういい。言い果《おお》せて何かある、皆まで言うな、そんな美意識が通用していた時代の、いかにも日本人らしい言動だ。ことばなしにコミュニケーションはすでに成立し、心が通じ合っているのである。

九　絶妙の無駄

ことばの奥の風景

吉田喜重は『小津安二郎論再考』で、『全日記　小津安二郎』という膨大な資料が、小津の内面を知ろうとする読者をいかに失望させるかを力説し、「強い怒りを買う」とさえ述べている。そこに記述されているのは「年度と日付、日常の出来事、交友した人の名前、外出した場所、食事の些細な内容」などの単純な記録にとどまり、さまざまな出来事に対する感想や批評といった自身の内面を記そうとしていないからである。映画においても寡黙であろうとした小津にとって、「秘かに真実を告白するような日記は、自己を正当化するための虚偽の記述にすぎなかった」のだという。

このように「みずからの内面をいっさい語ろうとしない」小津は、「母堂との死別にあたっても」、「夕食の時老母の死去の電話山内からあり、車を雇い蓼科を九時に出発 甲府駅前にてラーメンを喫し鎌倉に向かう」と淡々と記している。吉田が「冷淡とも思える反応」と評したこの行動の背後に、こんな事実が横たわっている。

記録に残っているのはこれだけだが、井上和男によると、蓼科の野田の別荘に、母親の訃報が届いた時、小津は「ばばあ、とうとう、いっちまいやがったか……」と言ってタオルを取り、庭の流し台に行って、「水道の蛇口から、じゃあじゃあと水を出して」、「幾度も幾度も顔を洗った」らしい。そうして、「夕餉の卓に向」い、「一ト口ごとに、手にしたタオルで、ゴシゴシと顔を拭いた」という。

まるで小津映画を観ているような寡黙の感情表現だ。他人の証言がなければ誰にも知られずに終わったはずの、このようなことばの背景は、客観的にはきわめて効率の悪い無駄に見えることだろう。しかし、それは必須の無駄と見ることもできるかもしれない。

作品のくりかえし

同じことばや似たような意味の言いまわしを反復するのは、情報効率の点で無駄が多い。小津映画では一定のせりふのくりかえしが目立つが、そもそも似たような作品が多く、小津作品自体がくりかえしにも見える。タイトルからして似たような感じの作品が並ぶ。『浮草物語』とそれを改作した『浮草』がややこしいだけではない。『大学は出たけれど』『落第はしたけれど』『生れてはみたけれど』も、意味はそれぞれ違うが調子が似たような感じだし、『戸田家の兄妹《きようだい》』と『宗方姉妹《きようだい》』、『お茶漬の味』と『秋刀魚の味』も、うっかり取り違えかねない題名だ。『東京の合唱《コーラス》』『東京の女』『東京の宿』『東京物語』『東京暮色』など、「東京」という名のつく作品がいくつもあってまぎらわしい。

『晩春』『早春』『彼岸花』『秋日和』『麦秋』などは、別に題がそれほど似ているわけではないが、どれもみな季語みたいなタイトルになっていて、また、それぞれが象徴的な命名であるため、必ずしも主題や題材と直結しないこともあり、どれがどれだったか記憶があやふやになりやすい。

作中に登場する人物の名前にしても、姓は平山・間宮・三輪・小野寺・田口・河合・堀江・田村・佐竹・服部・三浦・杉山・富沢・佐々木、男の名では喜八・茂吉・周吉・周平・康一・幸一、子供の名では実と勇、女の名では志げ・しげ・千鶴・紀子・秋子・明子・アヤ・アヤ子・文子・史子・時子・節子・久子・路子・のぶ子、店の女ではとよ・加代といった一定の名前が、いくつもの作品に何度もくりかえし出てくる。

それを演ずる俳優のほうにも常連が多い。男では斎藤達雄・岡田時彦・坂本武・笠智衆・佐分利信・東野英治郎・中村伸郎・北龍二ら、女では飯田蝶子・栗島すみ子・吉川満子・田中絹代・東山千栄子・三宅邦子・原節子・杉村春子・岡田茉莉子・淡島千景らがたびたび出演する。そこに日守新一・佐野周二・上原謙・山村聰・高橋貞二・佐田啓二・十朱久雄・渡辺文雄・田中春男・三上真一郎・加東大介・小林桂樹といった男優陣、井上雪子・伊達里子・葛城文子・坪内美子・岡田嘉子・高峰三枝子・高峰秀子・高松栄子・岸恵子・桑野通子・桑野みゆき・有馬稲子・久我美子・沢村貞子・司葉子といった女優陣が入れ替わり立ち替わり共演し、子役として青木富夫（突貫小僧）・村瀬禅・毛利充宏・設楽幸嗣らが起用され、女中や家政婦の役の富沢という名で長岡輝子が出演し、酒場の女主人として高橋とよ・桜むつ子らがきまって現れ、店の客としてしばしば菅原通済が顔を出す。

さらに、茂吉役が高堂国典から佐分利信、周吉役が笠智衆から菅井一郎そしてまた笠智衆、志げ役が東山千栄子から杉村春子、紀子役が原節子から司葉子へと受け継がれ、康一役は笠智衆、幸一役は山村聰・田浦正巳・三上真一郎・佐田啓二と引き継がれ、節子役も高峰三枝子・田中絹代・津島恵子・有馬稲子・久我美子と移り変わる。

杉山役は池部良だったり笠智衆だったり渡辺文雄だったりし、アヤまたはアヤ子の役は月丘夢路・淡島千景・司葉子と交代し、同姓同名の三輪秋子が三宅邦子だったり原節子だったりし、岡田茉莉子の秋子も登場する。このように同じ苗字や同じ名前の役柄がたびたび現れ、同じ人が演じたり別の人が演じたりするからややこしく、いくつも観ているとどれがどれやらわからなくなる。だが、あるところにこういう人がありましたという童話・寓話じみた作品だとすれば、作者である小津にとって、そんなことはどうでもいいのだろう。

役柄や俳優だけではなく、テーマや題材の似通った作品も少なくない。『晩春』と『秋日和』もそういう例だろう。娘の結婚とともに親が孤独になるというストーリーは共通し、その孤独を味わう場面で幕になるという点も同様だが、前者は男親、後者は女親という設定の違いはある。もしも『秋日和』を『晩春』の改作と見ずに、その後日談だと解釈するなら、原節子の演ずる『秋日和』の未亡人秋子は、同じ原節子が『晩春』で演じた紀子の四半世紀後の姿に重なる。好きな人と結ばれて幸せいっぱいの娘、司葉子の演ずるアヤ子もまた、母と似たような人生を送るかもしれない。

人間は同じような道を歩んできたし、多くの人の一生もこんなくりかえしに近いような気もする。男が「そうかな」「そうさ」「そんなもンさ」と言い、女も「そうかしら」「そうよ」「そんなものよ」としきりにくり返す小津映画のせりふは、そんな人生をそのまま受け入れ、そういうものとして肯定してみせる姿勢を感じさせるのである。

しぐさの反復

石田美紀は『田中絹代と小津映画』で、あえて落第生と優等生と評し、戦後の小津映画で原節子の果たした役割を、戦前の小津映画で田中絹代が果たしていたことを述べている。『大学は出たけれど』で、職のない夫を助けるためにカフェーで働く町子の役を演じた田中は、夫の母親を東京見物に案内し、百貨店の屋上からオフィス街を眺めるシーンで、息子が就職しているものと思い込んでいる姑が「徹夫の会社もあの辺にあるのじゃないだろうかね」と問いかけるのを微笑で肯定する事実をとりあげ、それは『東京物語』の中心人物、「紀子の祖形」であることを指摘した。また、『青春の夢いまいづこ』でパン屋の看板娘お繁を演じた田中が新婚旅行に出かける列車を、恋敵がビルの屋上から見送るシーンが、戦後の作品『秋日和』でくりかえされる事実をも指摘している。

一つの作品の中にあえて同じようなシーンをくりかえす例もある。『東京物語』の冒頭シーンとラストシーンとの類似はその典型的な例だろう。吉田喜重は『小津安二郎論再考』で、「まばゆく陽射しがこぼれる庭を背景にした居間に、老妻を亡くした夫がひとり坐り、憩う姿を描いている」ラストは、冒頭シーンと「同一の構図で描かれており、それを反復するものであった」と述べた。それは、「ひとり取り残された老人が、画面の中心をはずれて左側に寄って坐り」、「団扇を手にあおぐともなく動かしながら、焦点のさだかでない視線を漂わせている姿」で、「その背後にはただ空間が拡がっているだけ」だが、「あえて構図のバランスを崩し調和を乱すこの空白の空間こそ、映画の冒頭では亡き妻が坐っていた位置」だという。つまり、空白の空間が妻の不在を痛烈に感じさせるのだというのである。

スケールはもっとぐっと小さくなるが、こんなくりかえしもある。『落第はしたけれど』の冒頭のシーン。学生が口論しながら小突き合っているところに、巡回中の教授がやって来る。それに気づいた二人は帽子をとって会釈し、急に仲良しをよそおって勉強を教え合うしぐさをする。教授が立ち去ったとたんに一人が相手を小突き、また教授が近づいて来ると、あわてて一人が教えてもらっているふうをよそおう。その背後を教授が通り抜けると、また小突き合う。義務教育程度の学校でなら、今でもよく見られる光景だろう。だが、その当時は最高学府であったはずの大学という場のシーンだから喜劇の材料になるのだ。

同じ作品の試験の場面にも、類似のくりかえしが見られる。前の席の学生が学生服の背中をまくると、白いワイシャツにカンニング用の書き込みがびっしりとある。教授が見ると、とたんに上着を下ろして考えるふりをする。この行為は一度だけだが、一人が注文を出し、もう一人がその答えを書いた紙を、たまたま通りかかった教授の燕尾服の背中にカンニングペーパーとしてくっつけるシーンもある。教授が脇を通り抜けようとする時に、発注者がその解答の紙を取る計画だが、手を伸ばした瞬間に教授が振り返り、腕の遣り場に困ってやむなく腕時計に耳をあててなんとかごまかす。同じ挑戦を三回も試みるが、ことごとく失敗し、せっかくの名案も功を奏さない。結果はともかく、このあたりはまさに反復による滑稽さが効果をあげる。

『足に触った幸運』では、会社の事務室で算盤をはじいていた老人が、あくびが出かかるのを手で押さえてかみ殺す。そのあくびが隣に伝染し、タイピストの女性もあくびをする。厳格な顔をした課長もあくびをしながら判を捺した書類を渡すと、それを受け取る社員もあくびをかみ殺しながら自分の席に戻る。誰もまったく同じ行為をしているわけではないが、この場面も「あくび」を中心に考えれば、やはりくりかえしによるおかしみだ。

同じことばのくりかえし

　作品のストーリーや役柄、俳優、それにこのようなしぐさなどの反復のほか、ことば自体のくりかえしが目立つようになるのは戦後作品、おそらく『晩春』あたりからだろう。曾宮周吉に、その妹にあたる田口まさが昨夜の結婚披露宴について感想を述べる場面。まさが「ゆうべのお嫁さんなんか、相当お里もいいんだけど、出てくるご馳走はあらまし食べちゃうしお酒ものむのよ。真っ紅な口して、おサシミぺろっと食べちゃうんですもの、驚いちゃったわ」と言い、「あたしなんか胸が一ぱいで、お色直しの時おムスビ一つ食べられなかったもんよ」と、自分の若いころと違って最近の若い人はあきれたものだという調子でしゃべると、周吉は久しくろくに食えない時代を経た今は違うと分析し、「今なら食べるよお前だって」と打ち消す。まさとしては、まさかと思うものの、なってみなきゃわからないという気持ちもある。すると周吉は「そりゃ食うよ」と断定し、まさが「そうかしら」と疑問を呈しても、「そりゃ食うよ」と念を押す。まさも「そうねえ」と一歩譲るが、「でもおサシミまでは食べないわよ」とまだ頑張る。以下、「イヤ食うよ」「そうかしら」「そりゃ食うよ」と押し問答を続ける。その間、周吉だけで「食う」「食べる」を六回もくりかえすのがおかしい。

この作品の後半になって、娘の紀子が心残りなく結婚に踏み切れるようにと、周吉は心ならずも再婚するようなけはいをにおわせる場面がある。周吉がまず、「仮りに、誰かお父さんの世話をしてくれるものがあったら」と話を切り出すと、紀子は「小野寺の小父さんみたいに」と最近再婚した周吉の友人の名を例に出して、父親の顔色をうかがう。周吉がそれに「うん」と曖昧なあいづちを打つと、紀子は「奥さんお貰いになるの?」とずばりと訊く。それにも曖昧に「うん」と返事をすると、紀子は不潔だと言わんばかりに、「お貰いになるのね、奥さん」と、語順だけ変えて同じ意味のことばをくりかえして念を押す。そして、以下、「うん」「じゃ今日の方ね?」「うん」「もうおきめになったのね?」「うん」というやりとりを経て、紀子はさらに、「ほんとなのね?……ほんとなのね?」とくりかえし、周吉の六回目の「うん」を聞いて、逃げるように二階の自分の部屋に駆け上がる。

次作の『宗方姉妹』からも一例をあげよう。呑み屋「三銀」の亭主(藤原釜足)が、三村亮助の前で、その妻の節子と妹の満里子を話題にして「綺麗なご姉妹ですねえ」と言うと、女中(堀越節子)が「勿体ないよ、先生なんかにゃ」と口をはさむ。亮助が「そうか……勿体ないか」とくりかえし、女中が「そうだよ」とはっきり言ったところで、亮助は「……勿体ないか」と同じことばをさらにくりかえして、ほろ苦くコップの焼酎を口に運ぶ。

その次の作品『麦秋』でも、こういう反復表現が絶妙な働きをしてクライマックスを盛り上げる。当人の矢部謙吉の留守の間に、母親のたみが勝手にその再婚相手をきめてしまう場面だ。未婚の女性である紀子に向かって、子持ちの息子の後妻になる話を切り出すのは、たみとしても引け目があるから、自分の夢みたいな話だと前置きし、もし紀子のような人に来てもらえたらどんなにいいだろうと、勝手に自分が考えていることを恐る恐る告げる。相手が機嫌をそこねるのを心配し、「おこらないでね」「虫のいい話なんだけど」「ごめんなさい」「おこっちゃ駄目よ」となだめたり詫びたりしながら言いにくそうにしゃべる。

ところが、思いもかけず紀子はその場で承諾する。たみの話を聞き終えた紀子が「ほんと？　小母さん」と問いかけるのを、「何が？」と聞き返すぐらいだから、相手がまさかそんな話に乗ってくるとは予想もしていなかったのだろう。だから、紀子がさらに「ほんとにそう思ってらした？　あたしのこと」と念を押しても、たみは「ごめんなさい。だから怒らないでって言ったのよ」と、まだ誤解していて、紀子が「ねえ小母さん、あたしみたいな売れ残りでいい？」と三度目に確認したときに、「え？」とわが耳を疑い、「あたしでよかったら」という紀子の返事に、たみはようやく事態がのみこめて興奮し、とたんにはしゃぎだす。

信じられないことだけに、今度はたみが、しつこいまでに何度も何度も確認する。一度、「ほんと？」と大きな声を出して叫び、紀子が「ええ」と答えても、身を乗り出して「ほんとね？」とくりかえし、紀子が再度「ええ」と答えても、「ほんとよ！ほんとにするわよ！」と紀子の膝をつかむ始末。紀子の三度目の「ええ」を聞いて、たみは「ああ嬉しい！　ほんとね？　ああ、よかった、よかった……ありがとう……ありがとう」と涙ぐむ。そのあとも、「やっぱりよかったよ、あたしおしゃべりで……。よかったよかった」と続ける。紀子が帰りかけると、それを送って出るのだが、その間もたみは「ほんとね、今の話」「ほんとなのね？　いいのね？」と執拗にくりかえし、玄関で挨拶を交わしたあとも、「ああよかったよかった……ありがとうありがとう」と言い続けるのだ。

この間、紀子の「ほんと」は二回だけだが、たみは「ほんと」を七回、「よかった」も七回、「ありがとう」を四回、「ああ」を三回、それぞれくりかえし口にした勘定になる。そのあとも、紀子の会社を訪ねて、たみは「よかった」をさらに六回もくりかえす。こういう極端な反復表現を通じて、このクライマックスを観客に強く印象づける結果となる。

『東京物語』では、病気で倒れ意識を失って昏々と眠り続ける老妻とみに、周吉が話しかけるシーンだろう。「東京から、子供らがみんな来てくれるそうじゃ……京子がいま迎いに行ったって――もうすぐ来る、もうすぐじゃ」とくりかえし、団扇であおいでやりながら、「癒るよ……癒る……癒る……癒るよ」と語順を変えてくりかえす倒置反復の形で、祈るようにくりかえす箇所もある。そして、医者をしている長男の幸一の口から、老妻の容態を「明け方までもてばいい」という段階だと聞いた周吉は、「そうか……いけんのか……」「そうか、いけんのか……」「そうか……おしまいかのう」とくりかえす。なんとも悲痛な場面である。

『小早川家の秋』でも、店の事務所で山口と丸山とが、大旦那の万兵衛の女性問題をめぐってこそこそ内緒話をする場面に、こういう反復表現が見られる。「ご存じでっか」「まアええ」というやりとりを二回くりかえした後、丸山が話をする間、山口が「違う違う」という反復表現を五回もくりかえして、いちいちその話を中断させる。このあたりのパターンは喜劇仕立ての滑稽味をねらっているのだろう。

『秋刀魚の味』では同じ単語のくりかえしが印象に残る。河合は平山としゃべっていて、「いやア、おこってない、おこってない」とくりかえし、「どうも酒を呑むと余計なこと云いすぎるな」と言われて、「すぎる、すぎる。お互いにな」と同調する。また、平山が娘の路子のことを「まだ子供だよ。まるで色気がないし……」と言うと、河合はまた、「いやア、あるよ。充分ありますよ。あるんだ」と、「ある」を三回くりかえして色気のあることを保証し、父親の平山がそれでも「そうかなア、あるかな」と半信半疑の表情を見せると、河合は「ある、ある」と、さらに二回追加して強調する。

そのあと、小料理屋「若松」で一杯やりながら、堀江と三人でクラス会の相談をしようと平山が誘うが、河合は「イヤイヤ、今日は駄目だ」と断り、「駄目駄目、今日は駄目だよ」と、またしても「駄目」を連発する。それでもとうとう押し切られ、結局「若松」にやって来た河合は、中学時代にひどいめにあわされた恩師の話になると、「いやア、あんな奴はなかなか死なないよ。死なないんだな。殺したって死にませんよ」と、例によって同じことばをくりかえす。人物描写の一環なのかもしれない。

秋子も夫の幸一に向かって、「たまに早く帰ってくると、疲れた疲れたなんて、早アく寝ちゃってさ。ゴルフなんかよしゃいいのよ。よしちゃえ、よしちゃえ」と同じことばを反復する。ゴルフ用具を月賦で買う話が出ると、「月賦だって駄目よ、駄目駄目」と一蹴し、さらに「駄目駄目、駄目よ」と今度は語順を変えてくりかえす。こんなふうに駄目を押しても結局買ってやるのだから、これは案外、粋な会話で、秋子の性格描写ともなっているような気がする。

堂々めぐりの心理

このような同じことばの単純なくりかえしとは別に、たがいに似たような意味の発話を交わし合うせいで情報量がほとんど増えない対話も、効率の点ではほとんど無駄に近い。こういう堂々めぐりのやりとりは、いっそう小津映画の特徴を物語るように思われる。『宗方姉妹』の冒頭シーンに、節子が医者の内田教授（斎藤達雄）に父親の病状を尋ねるところが出てくる。「そんなに悪いんでしょうか?」と聞くと、「ウーム……よかアないね」と答え、「よくないって……?」と聞き返すと、「悪いんだよ」と答える場面だ。「悪い」という語と、それとほとんど同意の「よくない」という言い方とが入れ替わるだけだから、どこまで進んでも、新しい情報は増えない。悲壮な場面ながら、いかにも効率の悪いこういう堂々めぐりのやりとりが、おかしみをかもし出す。

『東京物語』でも、これとそっくりの対話がくりかえされる。尾道の京子から「ハハキトク」という電報が届き、志げが「よっぽどお悪いのかしら?」と、医者をしている兄の幸一に話しかけると、「ウム、よかないんだろうね、危篤っていうんだから」と応じる。「悪い」という単語を「よくない」と言い換えただけだから、何も情報は増えず、答えにも何もなっていない。この二人は尾道に駆けつけてからも、こういう堂々めぐりの会話を交わす。幸一が父の周吉に、「お母さんどうも具合が悪いんですがね」と言うのを聞いた志げが、「悪いってどうなの？」と聞くと、幸一はやはり「イヤ、よくないんだよ」と答え、周吉に「こう長く目が醒めないってのは、どうもよくないんですがねえ」と補足する。今度も「悪い」を「よくない」と換言したにすぎず、やはり新しい情報は増えない。ここも悲痛な場面ながら、こういう一見無駄に見えるやりとりが軽いおかしみを湛えている。しかし、観客は、こういう堂々めぐりの会話をとおして、これ以上具体的な内容を盛り込みたくない、祈るような家族の気持ちをくみとる。論理的な情報は増えなくとも、心理的な情報を伝え合っていることが伝わり、観る者は思わず胸を熱くするのである。

『秋刀魚の味』にも、似たような効率の悪いやりとりが見られる。会社の常務をしている河合が、部下の路子に、「どうなの、君、お嫁にいく気ないの？」と結婚の意志を探ると、路子は「あたしがいくと家が困ります」と言う。「どうして？」と理由を尋ねても、「どうしてって……困るんです」とくりかえすだけだ。この対話でも、路子の答えは「困ります」を「困るんです」と変形させただけで、「のです」と理由を述べる形にはしてあるが、事情説明が伴わないから、相手の質問の意図に論理的に答えていない。それでも、路子がどうしても困ると主張したい気持ちが高まる感じは伝わってくるから、この場合もそういう心理的効果は見逃せない。

『秋日和』には、さらに典型的な堂々めぐりの例が見られる。間宮が、アヤ子が自分が紹介しようとした時に断った後藤といっしょにいるところを見かけ、二人の関係を聞き出そうとする場面だ。アヤ子が「今日初めてお目にかかったんです」と言うので、間宮が「どうなの、君」と、実際会ってみた感想を尋ねると、アヤ子は「何が？」と聞き返す。「後藤だよ」と話の焦点をしぼると、「後藤さんとは今日初めて」と同じことばをくりかえすので、間宮は「そりゃ今聞いたばっかりだ」といらだつ。会話の流れが全体として堂々めぐりになり、話は一向に進展しない。

同じ作品の別の箇所にこんな場面がある。秋子が亡夫を思い出しながら、「どッかへ出かけるとなると何から何までキチンと揃えたいの。お父さんもそうだった。ちょっと温泉へ行くのに軽石まで持ってったりして」と、娘のアヤ子は妙なところが父親に似ていると当人に告げるシーンだ。話の流れで、アヤ子はもしも自分が嫁ぐと母親が寂しくなると言ってみる。すると秋子は、「寂しくったって、そんなこと仕様がないわよ」と言い、「お母さんのお母さんだって、きっと我慢してくれたのよ。そういうもんよ、親子って」と続ける。

『麦秋』のラストシーンを思い出そう。しばらく鎌倉で息子や孫たちと過ごしていた周吉と志げの老夫婦が大和に帰り、麦畑の中の道を行く花嫁を眺めながらことばを交わす。志げが、娘の紀子が嫁いで秋田へ行ったことをふと思い出してか、「どんなところへ片づくんでしょうねえ」と言うと、周吉も、兄の茂吉も遊びに来ていてにぎやかだったあの鎌倉の家から自分たちは大和に帰り、紀子も結婚して出て行ったことを考えたのだろう、「みんな、はなればなれになっちゃったけど……しかしまア、あたしたちはいい方だよ」と応じ、「慾を言やア切りがないが」と続ける。そして、「豊穣な麦の秋」を迎えた大和の風景を映して幕を閉じる。

『小早川家の秋』のラストもそうだ。笠智衆と望月優子の演じる農家の夫婦が、火葬場の煙突から空に煙が流れているのに気づき、男が「死んでも死んでも、あとからあとからせんぐりせんぐり生れてくるワ」と言うと、女が「そやなア……よウ出来《でけ》とるわ」と応じて、二人で耕作を続けるシーンがあり、石仏の頭に烏のとまっているスケッチで終わる。どの例も、親から子へ、子から孫へとつながる時の流れを象徴しているように見える。『秋日和』のアヤ子も、やがて母秋子の立場になるだろう。人生も人の世も人間の歴史も、そういう「くりかえし」であったことを、観客は何となく思うかもしれない。

十　噛み合わず展開

誤解のまま円滑に

間接表現や省略表現を利かせたスマートな会話は、たしかにすっきりと粋な感じの展開になるが、一方、誤解したり話が噛み合わなかったりするケースも、それだけ増えやすくなる。わかっていても登場人物がとぼける場合もあるし、また、当人が通じないことを楽しむケースもありそうだ。台本の作者がわざと噛み合わなくして、そのやりとりから生まれ出るおかしみを狙うこともあるだろう。

戦中の作品『父ありき』に、堀川が息子の良平に「お前あの、平田先生（坂本武）のとこの、ふみさん、どう思う？」と尋ねる場面がある。「どう」の内容が省略されていて質問の意図がのみこめず、良平は「どうって？」と聞き返す。そこで父は「いや、お前のお嫁さんに、どうかと思ってるんだ」と説明し、この場合は疑問が解消する。同じような話の切り出し方で誤解が進行し、そのまま修復できないケースもある。

戦後の作品『晩春』で、同じく笠智衆の演ずる父周吉が、娘の紀子に「お前、服部さんどう思う?」と水を向けるシーンはそういう例だろう。東大教授であるこの父親は、婚期を逸しかけている娘の相手として、手近なところから自分の助手の服部をその候補と考え、二人をめあわせようと勝手にこう切り出したのだ。ところが、紀子は服部にはすでにきまった相手があり、近く結婚することを知っているので、まさか縁談だとは思わない。そのため父親の質問意図がわからず、当然「どうって?」と聞き返す。ここまでは『父ありき』の場合の反応と同様だ。

ところが、周吉は、結婚がらみの話題だということぐらいは相手も勘でわかるはずだと思っているせいか、単に「服部だよ」と相手の名前をくりかえして念を押すだけで、それ以上何も説明しない。そのため、紀子は、人物がしっかりしているかとか、素直な性格かとか、そういう人間観察の意見を求められたものと勘違いし、「いい方じゃないの」と褒める。周吉には縁談という前提があるから、それを紀子の自分の相手としての評価だと思い込み、「ああいうのは亭主としてどうなんだろう?」と、あくまで自分の意図に沿った質問を重ねる。それでも紀子は、依然として自分のことだとは思わないから、服部の夫としての適性を「いいでしょう屹度《きつと》」と、あくまで一般論として答える。が、周吉はそれを当然、紀子と服部との関係を述べたものと誤解し、にこやかに「いいかい？」と安心したようすを見せる。紀子が、「やさしいし」と具体化し、「あたし好きよ、ああいう方」とまで言うため、周吉の勘違いは確信にまで高まって、やりとりはますますこんがらかる。

自分の縁談だったら、こんなふうに率直な応対になるのはむしろ不自然なのだが、周吉はそこまで気がまわらず、「叔母さんがね、どうだろうっていうんだけど」と、ようやく縁談をにおわせて話を進めようとする。たしかに妹のまさから出た話ではあるが、自分の気持ちも含まれているのに、こんなふうに他人の考えとして伝えるのは、日本的な運びかもしれない。いくらかヒントはあるものの、ここでも「どうだろう」とあるだけだから、服部の事情を知っている紀子は、自分の相手という話だとは気づかず、当然「何が？」という反応となる。そこで周吉は「お前をさ、服部に」と情報を追加する。ここまで来てもまだ、それに続くはずの述語を周吉は口に出さないものの、紀子はさすがに結婚の話だと気がつき、吹き出しそうになる。こういう話の食い違いが観客には楽しい。

先に行って、今度はまさが「ねえ紀ちゃん、さっきの三輪さんねえ」と話を切り出す場面もある。そこには述語もないし、お相手の名前も出ないから、紀子は縁談とは気がつかず、何の話か見当もつかないから、怪訝な顔をすると、まさは「お父さんにどう?」と補足する。父親の再婚など考えたこともない紀子は、そこまで言われても依然としてのみこめないようすなので、まさは「あんたが(嫁いで)いなくなりゃ、お父さんも困るだろうし」と事情説明を始める。ここまで来ても肝腎の情報は慎重に伏せられており、ヒントを出した程度の発話にすぎない。が、紀子ははっと察知し、それまで思ってもみなかった父親の再婚という問題に突き当たって、とたんに不機嫌な表情となる。

対立しながら明るく展開

意見の対立があってたがいの発言が噛み合わないまま、それでも明るく展開するやりとりもある。同じく『晩春』で、周吉の友人である京大教授の小野寺が再婚したことに、紀子が笑いながら噛みつく場面はそういう例だろう。「奥さまお貰いになったんですってね?」と紀子が切り出すと、小野寺は悪びれることもなく「ああ貰ったよ」と軽く言う。紀子は新しい母を迎えることとなった娘の心境を思いやって、「美佐子さんお可哀そうだわ」と言うが、そうは思わない小野寺は「どうして」と不審がる。紀子は納得しかねて「やっぱり変じゃないかしら」と言うが、小野寺は「うまくいってるらしいよ」と、後添えと娘とが仲よくやっているから心配無用だと伝える。

それでも紀子はしっくりいかず、「でも何だかいやねえ」と、気持ちのうえでの違和感を投げかける。そういう微妙な精神状態に思い至らない小野寺は、「いや」の対象をしぼろうと、「何が？　今度の奥さんかい？」と問うが、紀子は「ううん、小父さまがよ」とはっきり答える。非難される覚えのない小野寺は、「どうして」と一向にわからない。気持ちの問題だから、紀子もうまく理屈で説明がつかず、「何だか――不潔よ」ときわめて主観的な判断を伝える。小野寺にはまったく思いがけないことばで、とっさに「不潔？」と問い返す。紀子も「不潔」についてそれ以上掘り下げた説明ができず、「きたならしいわ」と換言してみせるほかはない。「きたならしい」と鸚鵡返しに言って小野寺は、いかにもまいったなあという表情をする。

「ひどいことになったな、きたならしいか」と反芻しながら、小野寺はおしぼりで顔を拭き、「どうだい？」と、綺麗になったその顔を紀子の前に突き出す。戦い利あらずと、論戦を中止し冗談にして切り上げようとするが、紀子は笑いながら「駄目駄目！」と赦さない。小野寺が「そうかい、駄目かい、そりゃ困ったな」と応じると、紀子は徳利を取って、「はい」と小野寺の盃に酒を注ぐ。それを受けながら、小野寺が「そうかい、不潔かい」とくりかえし、「そうよ！」という紀子の手きびしい応答に、「そりゃ弱ったな」とくりかえすところで画面は切り換わる。「困った」「弱った」を連発しながら、さほど困っても弱ってもいないようすの小野寺と、「駄目駄目」と一蹴しながら、みずからお酌を買って出る紀子。男と女の、親と子の微妙で重大な問題を扱い、たがいに相対する考えをぶつけながら、これほど後味の爽やかなシーンを実現できた事実に驚嘆する。世の中を割り切って包容力のある小野寺、きらきらする眼で相手を睨みながらも笑顔を絶やさない潔癖な紀子、そして、似たようなせりふをくりかえしながら、ゆったりとしたテンポで進行する展開の妙。それは不思議に明るく澄んだ小津の世界である。

いったい何の話？

『麦秋』に、築地の料亭「田むら」のアヤの部屋に、親しい友達が集まっておしゃべりしている場面がある。高子（井川邦子）が夫婦喧嘩をしたというので、紀子が「なんで喧嘩したの？」と聞くと、横からアヤが「つまんないことなのよ」と口を出す。高子が「つまんなかないわよ」と抗弁するので、紀子がふたたび「どうしたの？」と尋ねて話を促す。すると高子は、いきなり「犬がいるでしょう？」というところから説明を始める。あまりに唐突なので、紀子はさっぱり話がのみこめず、「どこに？」と聞き返す始末だ。どうやらその犬が夫のパイプをかじったというのが口論の発端だということらしいが、夫婦喧嘩の話が「犬がいるでしょう？」と始まったのでは、紀子に限らず誰だって、いったい何の話かと思って面くらうだろう。

同じ作品で、母親のたみが息子の謙吉の後妻の話を持ち出し、相手の紀子が思いもかけず承諾したので有頂天になる。そのやりとりについては前に紹介したが、息子が帰宅するのを待って、だしぬけにその報告を始め、話を結果から切り出す場面があり、そこでの親子の噛み合わない対話はほとんど漫才じみている。帰りを待ちかねていたたみは、「ねえお前、紀子さん来てくれるって！　ねえ、うちへ来てくれるってさ！」と、うれしさのあまりいきなり結論を突きつける。

そんな話になっているとは何も聞いていないから、だしぬけにそう言われても状況がのみこめず、「どこへ」と間抜けな聞き返しになる。たみは「うちへだよ！」とじれったそうに言うが、それでも縁談などとは思わないから、やはり「何しに？」という間抜けな質問になる。謙吉としてはごく自然な対応で、通じないのはあたりまえなのだが、いかにもとんちんかんなこの通じなさ加減が、なんともおかしい。「何しにじゃないよ！　お前ンとこへだよ！　お嫁さんにだよ！」と、たみは畳みかけてようやく主たる情報を口にする。それでも突然の話だから、「嫁に？」と謙吉は半信半疑のようすだ。そこで爆笑する観客も、もしも事情を知らされていなかったら、きっと謙吉と同じ反応になるはずだ。つまり、この笑いは、観客があらかじめ知らされるという作品構成上の仕掛けによって生ずるのである。

『お茶漬の味』にも、一度で通じないやりとりが多い。アヤが妙子に「行った？　あすこ」と尋ねるのも、ふつうこれだけでは通じないから、当然妙子は「どこ？」と聞き返すことになる。そのあと、みんなで温泉に行こうという話になって、妙子は夫のことが気にかかり、アヤに「何かない？」と尋ねる。この話し方も、「何か」だけでは、妙子がどんなことを考えているのか見当がつかないから、アヤは「何かって？」と聞き返さざるを得ない。妙子が「何か理由」と答えて、ようやく質問の意図が判明する。無断で出かけるわけにはいかず、また、家族をほったらかして自分だけ温泉に行くなどと正直に言うのも気がひけるから、何か口実になりそうなもっともらしい理由をでっちあげようと、妙子はたくらんでいたのだ。

結局、その場にいない姪の節子を、勝手に修善寺で急病になったことにし、妙子は帰宅後、夫の茂吉に、「節子ねえエ、学校の謝恩会だったたんですって。そしたら急にお腹いたくなっちゃったの」と作り話を始めるが、茂吉はよく聞いていないのか、

「だれが?」と聞き直し、「とッても痛いらしいのよ」と強調しても、「どこが?」とはなはだ張り合いがない。

そこへあいにくその噂の当人の節子が偶然やって来て、妙子はあわてるが、それまでの話の手前、わざと大げさに「とッても心配してたのよ。修善寺イ行ってたんじゃなかったの?」ととぼけるが、何も知らない節子は当然、「だアれ?」という反応になる。以下、「あんた、もういいの? お腹」「お腹?」「もう癒ったの?」「だれのこと?」「あんたよ」「何言ってンの? さっき会ったばかりじゃないの」という調子のやりとりになって、結局ばれてしまう。作り話だと初めからわかっている観客には、その通じなさが滑稽で、また、どこでばれるかというサスペンスもあって楽しい。

自分がこれまでいい妻でなかったことを反省し、妙子が夫に詫びようとする、しんみりとするはずのラストシーンでも、夫婦間のぎこちないやりとりが観客にはなんとももどかしい。ふっと胸に迫るものがあって妙子が思わず顔を伏せると、そんなこととは知らない茂吉は不審に思い、「どうしたんだい?」と尋ねる。隙間だらけの二人のことばが、以後「悪かったわ」「何が?」「今まで、あたし」「どうして?」と、嚙み合わずに流れてゆく。

『彼岸花』でも同様だ。平山と次女の久子との間で、「いいのかしら、きめちゃって」「何が?」「だってさ、お姉さんにはお姉さんの考え方あるわよ。あたしにだってあるもん」「何があるんだい」というふうに、嚙み合わないまま進むのはほんの一例だ。

その平山が、長女の節子の交際相手らしい谷口(佐田啓二)という男について情報を得ようと、会社の常務室に、学生時代から谷口を知っているという部下の近藤を呼ぶ。「いそがしいんじゃなかったの?」「いいえ」「暇かい」「は……いいえ」というほとんど情報量のない挨拶から始まって、「昨日ここへ来た谷口って男ね、君、よく知ってンの?」「はア、先輩です、学校の」と応じ、「わたしより二年上で、バスケットの選手してたんです」と情報を追加する。このあたりまでは、まずまともな受け答えだろう。ところが、「そう。それで?」と先を促されると、質問の意図がわからないので、近藤は何を話していいやらわからず、「は?」と相手の表情をうかがう。

そこに来客があって話は中断し、やむなく平山は会社がひけてからバーに誘い出して続きを聞きだそうと、「谷口って男ね、どんな男?」と改めて切り出すと、近藤は「わたしより二年上で、バスケットの選手で」と同じことをくりかえすので、「そりゃ、さっき聞いたね」と制する。相手が何を知りたいのかのみこめない近藤は仕方なく、「ポストへ切り込んでやるワンハンド・ショットなんか、とっても巧かったんです」

と、バスケットボールの技術の詳細に踏み込む。平山にとっては、そんなことはどうでもいいので、「イヤ、人間だよ」と軌道修正を図るが、まさか縁談とは思っていない近藤は、「は?」と焦点をしぼろうとする。平山が「性質」と言い換えてちょっと具体化するものの、事情を知らない近藤は「いい人です」と総論にとどめるほかはない。「悪い人」と聞くよりはましだが、平山としては、説明が簡単すぎてどうも物足りない。相手の意図がつかめなければ、えてしてこうなりやすく、別に不自然なことはないのだが、こういう要領を得ない受け答えに平山が次第にいらだってくる過程が、観客の笑いを誘う。

善意の行き違い

『秋日和』で、旧友三輪の忘れ形見であるアヤ子が結婚しやすい環境を整えるため、その前にまず母親の秋子を誰かと再婚させようと、間宮が「平山でどうだい」と言い出す。やもめ同士でちょうどいいと、お相手を手近なところで間に合わせようというのだ。言われた当人、その場では断ったものの、考えてみると、あんな美人と暮らすのも何だか悪くないような気がしてきて、平山は帰宅後、「お前、どう思う」と息子の幸一に、その話を切り出す。そんなことをまったく知らない幸一は、当然「何が?」と聞き返す。そこで、「お父さん断って来たんだけどね、お嫁さん貰わないかって話があるんだ」と説明しかかると、幸一はすぐ「おれのかい」と聞く。勘違いではあるが、たいていの家庭では、そう考えるのが自然だろう。田口がその話を持って三輪家を訪ねたまではいいが、亡くなった主人ののろけ話ばかり聞かされて、そんな再婚話など切り出せぬまま、秋子の綺麗な手でむいた林檎をありがたく頂戴してむなしく帰途に就く。ところが、後藤との縁談を進めるため、間宮がアヤ子に、母親をめぐるそんな話のあることをもらしたことから、せっかく平和だった家庭に母と娘の行き違いが生ずる。

同僚の百合子がアヤ子からそんな話を聞き、秋子に直接確かめようと三輪家を訪れて、「小母さま、再婚なさるんですって?」と質問を向ける。何も聞かされていない当人は、「え?　あなたまでそんなこと」とあきれるが、話を信じ込んでいる百合子は、「素敵じゃないの、ねえ、小母さま」と、既成事実のように続ける。思い当たらない秋子は「何が?」とぴんと来ないようすを見せるものの、それをとぼけていると勘違いし、百合子は、そんなに隠さなくてもとでもいう調子で、「小父さまのお友達なら、尚いいじゃない、何もかもわかってて」と、一人のみこみで具体的な情報を盛り込む。秋子が「そりゃ違うのよ」と打ち消しても、百合子は「違わない、違わない。

いいのよ。それで」と一人合点できめつけてしまう。善意の人びとのちょっとした手違いで、善意の人の住む家庭に思いもかけない波風が立つ。時にこうなってしまう人生というものを感じさせ、観客に考えさせる。

百合子を演じた岡田茉莉子が今度は秋子を演じた『秋刀魚の味』でも、夫の幸一との間にこんなやりとりが出てくる。「あなたお嫁に行きたくないのッて聞いたら、でもないらしいの」と、秋子は、夫の妹の路子が会社を訪ねて来た折の二人のやりとりを夫に告げるが、夫婦は「どういうんだい、そりゃア」「どういうんだろう」と言いあうだけで、ともに妹の心理をはかりかねる。幸一が「じゃ、妹は何しに君ンとこへ行ったんだい」と言うと、秋子はそのことばにまともに答えず、「でも……なんとなくわかる気がするじゃない、路子ちゃんの気持ち」と応じる。さすがに女性だけあって、結婚を控えた時の女の気持ちがどこか理解できるような気もする。が、男の幸一は、嫁ぐ女の気持ちなど想像もできず、「そうかなア」と、もうお手上げ状態である。

逆に、男たちの間だからこそわかる話もある。一般に、そういう話題ははっきり言わないのがたしなみだから、文脈ができあがるまではなかなか通じない。やはりこの作品で、例の同級生たちが三人集まって、小料理屋で酒を酌み交わしている場面。堀江が、「しかしねえ、ここだけの話だけどね」と何か言いたげだから、平山周平が

「なんだい」と促しても、堀江は「イヤ、真面目な話ね」ともったいぶって、なかなか内容を明かさないから、「なんだい」と河合も身を乗り出す。

「大きな声じゃ言えないけどね」と堀江はなおもじらして、一言「いいもんだぞ」と言う。文の述語だけだから、もちろん二人には何の話かわからない。そこで、「何が?」と河合がじれったそうに聞くと、堀江は「若いのさ」と一言だけ発して、にやりとする。こういう話題になると勘のいい男たちだから、娘と三つしか年の違わない若い後妻を迎えたのろけだと、二人には見当がつく。「結構うまくいくもんだ」となおも続ける堀江に、河合が「何云やがンだイ」とことばを返すのは、ごく自然ななりゆきだ。話題のわりにいやにもったいぶる堀江の話の運び、話が通じなくていらいらし、やっと通じてあきれ返る平山と河合の反応、そういうなかなか嚙み合わないことばのやりとりの過程を、大人の観客は味わい楽しむのだろう。

十一　コミカルな笑い

監督と同じ名前

戦闘部隊を支援するために戦場の後方で、弾薬や燃料・食糧などを管理し補給する機関を「兵站《へいたん》」と称したが、戦地に赴いた小津がそこで宿舎の手続きを取ろうとして名前を告げた際、係の男に「小津安二郎、松竹の監督と同じ名前ですね」と言われたらしい。松竹映画と特定するあたり、なかなかの通だが、そう言われた小津はとぼけて一言、「そうらしいです」と答えたという。そんなエピソードを小津自身が『陣中日誌』の昭和十四年五月十二日の箇所に書き残している。

シャイな一面を語る逸話だが、そういう一件をわざわざ記録しておく事実から見ても、性格的に揶揄や冗談が好きだったようだ。戦前から多くの喜劇を撮り続けた小津のことだから、世の中が解放された戦後の映画にも当然そういう笑いの要素が多い。一編全体がはっきりと喜劇仕立てになっている作品に限れば、戦後作品では『お早よう』ぐらいだろうが、『小早川家の秋』もそれに近い。『彼岸花』や『秋日和』、それに最後となった作品『秋刀魚の味』なども喜劇的な要素が目立ち、戦後間もない時期の『晩春』『麦秋』『お茶漬の味』にも滑稽なシーンが少なくない。

ただ、一口に笑いといっても質的に多様だから、ここでは、単純明快におかしいコミカル系統、知的な刺激を伴うエスプリ系統、それに、ユーモア、特に人間らしさがにじみ出ていて、しみじみとした笑いのこみあげるヒューマー系統に、大きく三分し、本書ではその順に取り上げることにしたい。まず、この章では、主としてコミカルな例を扱う。

芸者も買物？

昭和初頭の四年に発表された作品『学生ロマンス 若き日』にこんな場面がある。渡辺敏（結城一朗）という学生が、壁に貼られた「第七天国」というポスターをじっと見て、ちょっと考えていたが、やがて机の横に積んである辞書や蓄音機を抱えて立ち上がり、「俺は第七天国へ行くんだ」と言う。そして、次のシーンが、質屋の暖簾をはねて、渡辺が呑気な顔付で出てくるところから始まる。この「第七天国」は、言うまでもなく、セブンの縁で「質屋」を意味する洒落た言い方。さらに七を一と六に分けて体裁よく「一六銀行」と称するたぐいだ。

同じ年に出た『大学は出たけれど』にも、「洋服代はラムネだぜ」という判じ物めいたせりふが出てくる。そう言われた洋服屋が一瞬不審そうな表情を見せるが、すぐに謎が解けて、「月賦で結構です」と応じる。むろん、ラムネを飲むとゲップが出やすいことに引っかけた洒落だ。どちらも、あまり人前ではっきり言いたくない場合の、婉曲表現の定番である。

同じ映画に、こんな例も出てくる。就職先を探しに出かける夫を、玄関で「あたし世界中の神様に祈っていますわ」と励まして、妻が送り出すシーンだ。神の所在を記した世界地図がなく、地球上のどことどこにどれだけの神が分布しているかという実態はわからないながら、存在するすべての神に祈るなどというのは、おそらく無謀な行為で、実現できたところで効果のほどは疑問だ。宗教によって神はそれぞれ違うから、無差別に拝んではたしてご利益があるものか、はなはだ怪しいし、かえって逆効果になる恐れもある。だが、そうしないでいられない妻の気持ちはよくわかるし、観客にも伝わるだろう。

翌五年の『落第はしたけれど』には、こんな場面がある。学生たちが何人か集まり、卒業のささやかな祝宴を催している場で、下宿の内儀おかね（二葉かほる）が「皆さんのうちで、高橋さんだけ落第するなんて、お気の毒ね」と言うのをそばで聞いていた息子の銀坊（青木富夫）が、無邪気に「ラクダイって何んだい？」と尋ねる。一人だけ落第し二階で落ち込んでいる学生高橋（斎藤達雄）のことが気になって、母親は説明のしようがなく、何とも答えられない。学生たちもうつむいてしまう。及第生の杉本（月田一郎）が見かねて、気を利かせ、「落第ってのは、偉い事だよ」と言い捨てて、二階の高橋を迎えに行く。子供は当然、その説明を真に受ける。

ある日、そんなことは知らない当の高橋が、子供の相手をしていて、銀坊の頭をポンと叩き、「坊や、大きくなったら、何になるんだい？」と将来の夢を尋ねると、銀坊は得意そうに「大学へ行って、小父ちゃんのように偉くなるんだ」と妙なことを言う。とっさに訳がわからず、「俺のように偉くなる？」と怪訝な顔で聞き返すと、すかさず銀坊は鼻の下をかきながら「小父ちゃんみたいに、ラクダイするんだ」と言うので、高橋ギャフン。

また別の日、下宿の近くの喫茶店の娘小夜子（田中絹代）が、試験に備え必死になってびっしり書き込んだ高橋のシャツを見て、「こんなに迄、こんなに迄、勉強なすったのに」と、この（偉い）落第生に同情する。このしんみりとした場面も、それがカンニングという不正行為のための手段であることを知らされている観客には実に滑稽である。

同じ年の『足に触った幸運』に、古川貢太郎（斎藤達雄）が苦笑しながら、「われわれの貧乏生活も／かなり古色蒼然として来たが／いつになったら浮ばれることかねえ」と冗談めかしてつぶやく場面が出てくる。貧乏暮らしもずいぶん長くなったなあと嘆いているのだろうが、このせりふ中の「貧乏生活」と「古色蒼然」との思いがけない結びつきが観客の笑いを誘う。

もっとあるはずの金が減っていることに気づいた妻の俊子（吉川満子）が、とぼけて「どうしたんでしょう」と不審そうな顔をすると、夫の貢太郎が「吉村さんに、二十円貸したたし、買い物も相当にあったからね」と苦しい説明を始める。すかさず俊子が「何をお買いになったの？　芸者？」と鋭く突っこむのもおかしい。たしかに、「芸者を買う」という言い方はするが、「買い物」と聞いて「芸者」を連想する人はめったにいないから、ふつうあれは「買い物」には含まれないのだろう。

同じ年の次作『お嬢さん』にも、「私は退屈と窮屈が、非常に嫌いです」というせりふが出てくる。「退屈」という語と「窮屈」という語とが、ともにクツという音で終わる、いわゆる脚韻をふんでいる。意味の上で何の関係もない二語が、そのために無理に結びつけられた感じがおかしい。

その三年後に発表された『出来ごころ』で、喜八（坂本武）が「学校の大将だってそう云ってるだろ？」と言う。先生のことらしいが、なるほどそれを「学校の大将」と考える見方もあるかと、観客はにんまりする。その喜八が「欠食地蔵とかって奴にしとけば、めしの心配は学校でしてくれるんだ」と、「児童」のことを類音の「地蔵」と勘違いする例もあり、一膳飯屋のおとめ（飯田蝶子）に「じゃ、お前さんも欠食大仏ぐらいになるんだね」とからかわれる。

きりんの首はなぜ長いか知ってるかと言って、相手に考えさせ、それは顔が上の方にあるからだと、一見もっともながら、まるで説明にならない奇妙な理屈でからかう笑い話がある。この映画にも、そういう小咄じみたやりとりが現れる。「人間の指は何故五本あるか知ってるかい？」「四本だってみろ、手袋の指、一本余っちゃうじゃねえか」といった本末転倒の説明はその一例だ。また、「海の水は何故塩辛い？」と言って考えさせ、「鮭がいるから辛いんだ」と説明にならない答えで笑わせるのも同類だろう。塩鮭が泳いでいると考えるところが突飛でおかしい。なんだか新巻が一本欲しくなってくる。

顔の下半分が似てる

やはり戦前の映画『箱入娘』に、熊手のおかめを見て、「おっ母さんによろしくな」と言う箇所が出てくる。似ているとは一言も口に出していないが、そうでなければ、なぜそのタイミングで「おっ母さん」を思い出すのか説明がつかない。「鬼瓦で思い出したが、奥さんお元気か」という漫才ネタと同様だろう。「あたしゃ、六代目の、め組の辰五郎見るたんびに、いつもお父っさん思い出すんだよ」と自慢げに言う女に、「写真じゃエノケンに似てるわね」と切り返す例も笑える。「しかし、お前さんとこも、随分思い切って円満だねえ」という突飛なせりふも、「思い切って」の用法が意表をついていておかしい。

『大学よいとこ』には、「あんた学士さんでも、案外字は拙いね」と言われた男が、「大学には習字の時間はなかったからなあ」と応じる場面が出てくる。教員養成の課程でもなければ、事実そのとおりなのだろうが、もともとそういう問題ではないから、つい笑ってしまう。「すいませんが五円貸してくれませんか」と言われて、聞こえなかったはずの老人が、「何でしたら利子を一割つけますよ」と言うのを聞くと、あわててがまぐちを取り出す『一人息子』の一場面も笑いを誘う。

翌年の『淑女は何を忘れたか』には、こんなやりとりがある。「あんた、今日いやに綺麗ね」「今日はとても綺麗よ」「ほんとに綺麗よ……今日は」と、続けて「今日は」という限定つきで褒められた千代子（飯田蝶子）が、「よしてよ、今日は今日はって」と抗議を申し立てる場面だ。「今日は」という限定つきにこだわるのは、いつも綺麗なつもりでいるからだ。それだけに、この女、皺の増えたのが気にかかり、「笑うと、ここんとこに出るだろう？　だから出ない笑いかたを鏡で研究した」という。

狐の襟巻をすると、「あんたにこんな妹さんいたの？」と光子（吉川満子）にからかわれ、結婚して十四年目に妊娠して恥ずかしがっていると、「恥ずかしがることないじゃないか。動物園の河馬だって子供を生んだんだよ」と、やはり光子にちゃかされる。

その四年後に発表された『戸田家の兄妹』にも、「体は大事にせんといかんのう」「あんたがた大丈夫」「大丈夫かのう」「いうじゃないの、憎まれっこ世にはばかるって」「そいじゃ、なるもんじゃのう憎まれっこに」「大丈夫よ、それ以上ならなくったって」というやりとりが出てくる。むろん、すでになっているという意味だ。

翌年の『父ありき』でも、「こんな小さな村でずいぶん子供が生れるもんだね、昨日は出生届が三つも出た」と役場の人が言うと、「その割にゃ死なないもんだね……わしゃ坊主より産婆になりゃよかったわなあ」と和尚（西村青児）が無駄口をたたく。昔の生徒が「あの時は、ひどい目にあいましたよ。職員室へ立たしといて、先生忘れてさきへ帰っちゃったんだからなあ」と、元の教師当人に懐かしそうに語る場面もある。

戦後になって昭和二十四年の『晩春』に、紀子が叔母のまさから縁談を持ち込まれる場面がある。顔の下半分が、アメリカ西部劇の二枚目俳優ゲーリー・クーパーに似た男で、口元なんかそっくりだという。アヤにその話を伝えると、「じゃ凄いじゃないの」と好評だが、紀子は「でも、あたしはうちにくる電気屋さんに似てると思うの」と、ハリウッドから身辺へと夢がしぼむ。が、アヤは「その電気屋さんクーパーに似てる？」と、まだ諦めない。紀子が「うん、とてもよく似てるわ」と答えると、アヤは「じゃその人とクーパーと似てるんじゃないの？　何さ！」と三段論法めいた推理で問い詰める。似ている箇所が眼や鼻などでなく、日ごろあまり考えてみることもない顔の下半分だけだというのが妙におかしい。ちなみに、『お茶漬の味』のアヤも、ジャン・マレーを話題にして、「ああいう男の人好き？　どんなとこがいいの？」と節子に問いかけ、「顔を上と下とに分けて、上？　下？」とからかう場面がある。

なんと申しましょうか

『宗方姉妹』の満里子役の高峰秀子が、会話の途中に時折、メロドラマの語りの調子を織り交ぜながらしゃべるシーンがおかしい。姉の日記を見て知っていると言って、「雪の晩……覚えてる」と、姉の昔の恋人である宏に話しかけ、勝手に当時を再現しようとする。「帝（国）劇（場）を出た二人はお濠端を歩いていった。雪はしんしんと降りつづけて、音もなくお濠の水に消えていった」と、もっともらしい語りに入る。「よく見ると手を握っていた」と想像を交ぜるから、宏が「そんなことしなかったよ」と否定しても、「手は握っていなかったかも知れないが、握りたい気持ちは充分あった。そしていつまでも歩いていたい二人であった」と微調整にとどめ、さらに、「ショールを掻き合せながら今度は彼女が言った。ねえ寒くない、宏さん」とひとり芝居じみてもっともらしい声を出す。

そのあとのシーンでも、「だが彼女はそれを信じなかった」と語り、宏が「忘れたよ、昔のことだから」と言っても、「そんなことない！　忘れるわけない！」ときめつけ、「宏さん屹度お姉さんから言い出すの待ってたんだ！」と勝手に推測し、「そこが彼のいけないとこである」と、また語りに入る。そして、「彼にはプロポーズする元気もなければ、断わる元気もないのである」と解説し、「それでもお肚《なか》ン中では、今でもやっぱりお姉さんが大好きなのである」という結論に強引に導く。俗っぽい会話調の交じるデアル体のアンバランスな感じが、なんともおかしい。

　次作の『麦秋』には、こんな駄洒落のくすぐりが出てくる。天ぷらの盛り合わせを見ながら、史子が「なんだろう、これ」と言うと、康一が得意そうに「ギャレッジ」と口走る。紀子がその駄洒落に反応し、「ああ、蝦蛄」と解説する場面だ。ここはもちろん、「蝦蛄」と同音の「車庫」を意味する英語「ガレージ」と言って、遠まわしにヒントを与えたのである。

　女たちが旅館に一泊し、池の鯉を見て誰かに似ているとはしゃぐ『お茶漬の味』のシーンについて八章に紹介したが、その折、妙子が夫に似た感じの鯉を見つけて、「お早う、鈍感さん」と呼びかけると、脇にいたアヤが「アラ、あなた、お鞄どうすったの？　お持ちになりませんの？」と問いかけ、それにつられて「旦那さんのお鞄取ってらっしゃい」「ふみやア、叔父さまお鞄」と他の友達も加わり、佐竹家の朝を演出する。

　あの深刻な作品『東京物語』にも、熱海の宿の女中たちが新婚の客の噂をしている場面が出てくる。「もう君はスッカリ僕のもんだよ、耳も目もその口も、みんな僕のもんだよ」と一人が熱演し、もう一人が「だれのもんだかわかりゃしないよ」とちゃちゃを入れるあたりのやりとりは滑稽だ。

あれほど暗い『東京暮色』にさえ、やはり笑いの要素が取り入れられている。明子と木村憲二とのアヴァンチュールを想像して面白おかしく語って聞かせる川口登の節まわしはその一つだろう。「とぼけていますが、うまいもんですねえ」と始まり、以下「この二人をですねえ、実はこのなんと申しましょうか、テもなくくっつけてしまったんですねえ」「そうですそうです、その通りです、大したもんです、驚きましたねえ」「まア、朱に交われば赤くなるとでも申しましょうか」「こらもう楽しみになって来ましたねえ、英語で云う所のラージポンポンとでも云うんでしょうか、今回ポンポンが大きくなって来たんじゃないでしょうかねえ」という調子で続く。これは当時、「なんと申しましょうか」で人気のあった小西得郎の野球解説の独特の口調をまねたものだ。英語の「ラージ」に、腹を意味する幼児語「ポンポン」を結びつけた「ラージポンポン」は、妊娠しておなかが大きくなるという意味のふざけた隠語だが、これは『晩春』にも「あの人今これなんだって、ラージポンポン。七ヶ月……」として、すでに使われている。

なお、『彼岸花』で幸子が、「そやけど、あんなお母ちゃん一人残して、うち、嫁《い》けますかいな。心配でいかれしまへん。うちが嫁ったら、もう朝から晩までなんやかんやとお松と口喧嘩ばっかりで、うちンなか無茶苦茶でござりまするわ」と、自分が嫁に行けない事情を述べ立てる場面があるが、この最後の語り口など、往年の花菱アチャコの口調を髣髴とさせるものがある。その幸子が、二言目には縁談を持ち出す母のそそっかしさを伝えるおしゃべりも楽しい。「向うからタキシード着て白い絹の襟巻した人、来はりましたンどすがな。そしたらお母ちゃん、あんなスマートな人どうやって言いますのや。すれちごて、振り返ってみたら、その人、背中にキャバレーの広告つけてはりますやないか。客引きどすのや」というあたりは、その好例である。

もうええかア？

『早春』で、あだ名の由来を説明する場面も笑える。昌子が千代のことを「どうしてあの人、キンギョっていうの？　とても綺麗な人じゃない」と、夫の杉山に尋ねると、「あいつ、目玉デカいしさ、それにちょいとズベ公だろう？　煮ても焼いても食えないっていうんだよ」という悪評の説明が返ってくる。なるほどと観客はにやりとするかもしれない。だが、これだけ悪く言いながら、それから間もなく杉山がそのキンギョと浮気をすることになるから、この笑いはいささか複雑だ。

『お早よう』では放屁が笑いの材料を提供する。大久保家の主の善之助がブーッと一発おならをぶっ放すと、台所から「あんた、呼んだ？」と主婦のしげ（高橋とよ）が顔を出す。単なる聞き違いだが、そのもとが屁であることで笑いが起こりやすい。林家では、子供たちが親に反抗して口を利かないことにし、しゃべる必要があったらタンマをする約束になっている。兄の実がおならをすると、弟の勇がタンマのまねをして注意を促すと、実は「オナラはいいんだイ」と説明する。沈黙を破る放屁も音声言語として伝達の役割を果たすと考える弟の幼い生真面目さに、思わず観客の口元がほころびる。

原口家では、みつ江が仏壇に向かいながら、「口ばっかり達者で……どうしてあんな奴が生れちゃったもんだか……アーア」と言って、チーンと鉦《かね》をたたく。拝むという信仰の行為と、唱える愚痴の内容との乖離があまりに大きく、その接ぎ目に響く鉦の音が滑稽に聞こえる。

『小早川家の秋』では、家族の目を盗んで京都に住む昔の女のもとへ通いだした大旦那の万兵衛の手練手管が一つの見せ場になっている。近ごろ様子が変だとにらんだ造り酒屋の事務主任の山口の指図で、事務員の丸山が万兵衛のあとをつけて、京都までやって来る。見え隠れについて行くが、途中で見失ってきょろきょろしているところを見つかり、「おい六さん、どこ行くねン」と当の万兵衛に逆に声をかけられ、氷屋に誘われる。「何ンや、今時分……。妙なとこで会うもんやな」「へえ、それが……ちょっと掛取りに」「そうか、ご苦労はんやな」「大旦那さん、どちらへお越しです？」「お前、どこや、掛取り？」「へえ、この辺あちこち」という店内での腹の探りあいが面白い。

万兵衛が改まって「お前なア」と話しかけ、相手をどきりとさせて、「煙草持ってへンか」と聞く。「わいにはわかってンのやで」と思わせぶりに言って、「若旦那に頼まれたンやろ？」と続ける。てっきり尾行がばれたと思って、丸山が「いえ、そんなことあらしまへん、絶対ありまへん」と懸命に打ち消すと、「そうか、ほなら誰に頼まれたんや、掛取り」と万兵衛はここで初めて「掛取り」ということばを口に出す。何がわかっているのかという内容を最初は伏せておき、相手が当然、自分の内密に行っている「尾行」のことだと思い込むタイミングを見はからい、だしぬけに「掛取り」と言って予測をはずす。その前に丸山が尾行をごまかすために自分で「掛取り」と言ってしまっただけに情報はきちんとつながっており、いまさら取り消すわけにはいかない。「掛取り」を命じるのは店の主人か番頭にきまっているから、誰に頼まれたなどと尋ねること自体がいささか不自然だし、ほんとにそういう情報を得たいのであれば、万兵衛はこのように問い詰めるような聞き方はしないはずだ。このやりとり、どう見ても万兵衛のほうが何枚も上手だ。おまけに万兵衛は、「この人、いそがしいンや。これからあちこち掛取りに行かはるンや」と、店の者をせかせるため、丸山は今さら訂正もならず、白玉の代金を払わされ、体よく追い出されてしまう。

娘の文子の目がうるさく、さすがの万兵衛も京都の女のもとに通おうにも、なかなか家を出られないでいる。そこで一計を案じて孫の正夫（島津雅彦）とかくれんぼを始める。鬼になった万兵衛は、あたりを見まわしてはこっそり箪笥に近づき、「もうええかア」と言いながら引き出しに手をかけたとたん、「何してはンの？」と文子に怪しまれる。あわてて、「あ、かくれんぼや。鬼や」と言いわけすると、不審そうな顔をして文子は奥座敷のほうに消える。廊下を行き来する文子の視線を巧みにはずし、「もうええかア」をくりかえしながら着替えを済ませ、とうとう上《あが》り框《がまち》から土間に下りてこそこそ抜け出すことにまんまと成功する。このあたりはもう名人芸というほかはない。

昔の薬がまだ効いている

『秋日和』には特に笑いどころが多い。近所の薬屋に綺麗な娘がいて、どこも悪くないのによく薬を買いに行ったものだと、学生時分の思い出を語り合うシーン。当時のその娘が、今は未亡人となった三輪秋子だ。間宮が「用もないのに膏薬を買いに行くんだよ」と田口をからかうと、田口も「冗談言うなイ。お前だって、風邪もひかないのにアンチピリンだの何ンだのって買いに行ってたじゃないか」とやりかえす。これが料亭での酒の席だけにとどまっていれば何のこともないが、いつかそういう話が奥さま連中の耳に入ったらしく、それぞれの家庭で主人がちくりとやられる。

まずは田口家からの実況中継と行こう。縁談の話で田口が秋子の娘アヤ子のことを「ほんとにいい子なんだ、清潔で」と言うと、妻ののぶ子（三宅邦子）が「秋子さんの若いころとどお?」と変化球を投じて、意味ありげににやりとする。この予想外の質問に田口は不意を突かれ、「アア、そりゃアレだ、ナンダな、質が違うね、間宮の奴は秋子さんの方がいいって言ってたけどね」と、しどろもどろに答える。すると、「じゃ、あなたはどっち?」と追及され、「やっぱり秋子さんの方でしょ、知ってるわよ」とかさにかかって攻められて、「なんだい」ととぼけてみても、「本郷三丁目、あなた昔、よくおクスリ買いにいらしったんでしょ、アンマ膏」と一本取られる。「アンマ膏はおれじゃないよ。ありゃ間宮だよ」と逃げにかかるが、「じゃ、あなたは何よ」と追撃を浴び、「おれはアンチヘブリン丸だとかさ」と妙なところで抵抗を試みるものの、この際、薬の種類などはどうでもいい問題だから、土俵上では田口の完敗に終わる。

今度は間宮家にカメラを切り替えてみよう。妻の文子（沢村貞子）が「相変らずお綺麗？　秋子さん」とかまをかけると、間宮は警戒して「アア、綺麗だね。しかし、おれはアヤちゃんの方が好きだね、清純で」と予防線を張り、「田口の奴は秋子さんの方がいいって言ってたけどね」とよけいなことまで付け加えて、わが身に危険の及ばないように慎重を期する。それでも、「でも、あなただってお好きなんでしょ？」と突っ込まれ、「だれ」ととぼけて見送るが、文子は「秋子さんよ」と直球でずばりと胸元をえぐる。

「冗談じゃない。おれじゃないよ。そりゃ田口だよ。あいつは昔ッから好きなんだ」と、間宮が田口を盾にして抗弁するも、「そう。じゃ、あなたはお好きじゃなかったの？」と念を押され、「おれは別に」とごまかすものの、かえって火に油を注ぐ。文子は「そう」と一瞬うなずいたように見せ、押し問答から今度は、「おクスリ何お買いになったの？」と物的証拠に言及する。「何？」「おクスリよ」「だれ」「あなたよ。アンマ膏？　アンチピリン？　どっちでしたっけ」と訊問され、揚げ句の果ては、「あなたが風邪おひきにならないわけわかったわ。いまだにアンチピリンがきいてンのよ」と決定打を浴びて、あえなくノックアウト。演ずる俳優同様、この細君も実に気っ風がいい。両家とも女性軍の圧勝に終わるが、こういうやりとりが観客を喜ばせる。

このあとも、小津流の反復と間接の表現が笑いに貢献する。一人娘が安心して結婚に踏み切れるよう、その前にまず母親の秋子を再婚させようと、間宮や田口が相談し、それを具体化するために、手近なところで、目下やもめ暮らしの平山をお相手の候補に立て、田口が秋子の意志を聞き出すことになる。

まんざらでもない気持ちの平山は心待ちにしているが、なかなか知らせが来ないので、交渉の進捗状況を間宮から聞き出そうとするが、自分のことだけに話を切り出しにくく、「あの時お前が言ったことナ、うちの倅も賛成なんだ」と、何とははっきり言わずに話を始めるが、間宮は「なんだっけ」とはなはだ頼りない。事が事だけに何とも言いにくく、単に「わかってるじゃないか」とつついても、間宮は「イヤ、一向にわからないね」と気がつかないようすだ。そこで平山は、「どうも一人でいると何かにつけて不便でね」と肝腎の用件をそれとなくにおわすが、間宮は「不便」ということばをそのまま受け取って、「家政婦だっているんだろう?」とまともに応じる。平山は「そりゃいるんだがね。なんとなく、いろんなことがね」と、家政婦では物足りないことを訴える。

ここでようやくぴんと来た間宮は、「つまり痒いとこに手が届かないってわけか」と察しをつけ、その慣用句を利用して、「すると、急にどこか痒いとこが出来たってわけだね」と続け、「どこが痒いか知らないけど。で、どうしようってんだい」と、やっと話に乗ってくる。そのあとも、平山が「なるべく早くな」とせかすと、間宮は相変わらず「そんなに痒くなったのか」とからかう。

ところが、全権大使を仰せつかった田口は三輪家に乗り込んではみたものの、秋子に亡夫ののろけを聞かされてほろりとし、平山の話を切り出すどころでなくなる。結局、秋子の白い手でむいた林檎をありがたくご馳走になり、土産にパイプまで頂戴して、ご満悦で帰って来たらしい。間宮が「お前、何しに行ったんだい。平山、どうなるんだい」とあきれると、田口は澄まして、「痒いとこへはメンソレータムでも塗っといて貰うんだね」と、同じ皮膚科の喩えをくり返す。

『お早よう』（1959年・写真提供　松竹）

十二 エスプリとアイロニー

軍服姿の消えた街

昭和十二年に小津が戦地から出した手紙の中で、「このところ毎日干瓢、椎茸、切干、ひじき、ぜんまいを喰っている」と事実を報告したあと、「よくも俺の嫌いな物ばかり陸軍は知っていると甚だ感心している」と、ひねくれた感想を記している。同じ年にシナリオの共同執筆者である野田高梧に宛てた封書には、「支那でハいつも柳の下のクリークにハ泥鰌がいます」と書いてある。日本には「柳の下にいつも泥鰌は居ない」という諺があるが、国が違えばそうとは限らないという皮肉らしい。

また、野戦瓦斯第二中隊の分隊長であったという小津は、手紙に、戦線から戻って来た兵士の話によれば、自分が死ななければ戦争ほど面白いものはないそうだがとし、

「想像通りどうやら戦争は最大のスポーツらしい」などと不謹慎なことを記したこともある。事実、一風呂浴びて畳の上で浴衣姿で一杯やるのを楽しみにもうひと戦争やって来るなどと、戦闘を遊び半分に不当に軽く扱ってみせた文面も残っているという。

野田宛の絵はがきで、「決心ハ甚だ悲壮ですと申したいところ　戦争には大へん慣れて、悪運の強さにハ満々たる自信があり漢口とやら鳥渡《ちよつと》見物の気持です」と書き、笹見恒夫宛の手紙でも、「いくら支那の弾でも的《あた》れバ昇天の可能性ハ十分あるので油断ハ出来ませんが、飛んで来て的らない気持ハ甚だ愉快です」などという書き方をしている。あるいは、こんなふうに茶化してみせることで自らの恐怖心を紛らしていたのかもしれない。だが、戦後になってからも、戦争は面白かった、またやろう、などとふざけてみせることもあったらしい。いずれにしろ、映画の中でさえ本音をなかなか語らないほどの人間だから、発言や手紙の文面なども、額面どおりに受けとるわけにはいかない。

何よりも平穏な日常を大事にした小津が、残酷な非日常である戦争の日々を心から楽しんでいたなどということは信じがたい。復員兵やら傷痍軍人やら、軍服姿がいくらも見られた戦後の東京の街を撮りながら、小津は画面から一切の軍人の姿を排除した。映画監督の吉田喜重は「なんでもない街の風景にも一人の軍人も歩かせていない」事実を指摘した。それは、「国家が強制する道徳に背を向けて、みずからの芸術のために軍人をひとりも描かなかったのではなく」、小津という人間の「反時代性、厭戦の気質がそうさせた」のだという。イデオロギーとしての反戦思想ではなく、自身の「身体に深く根差している心情」としてであり、それだけに「転向可能なイデオロギーよりも抜き差しならぬもの」だというのである。

とすれば、それらのさまざまな言動は、平和と日常を身にしみて大事に思う人間の、小津一流のアイロニーであったと考えるのが妥当だろう。『秋刀魚の味』にその象徴的な一場面がある。坂本が中華そば屋という思いもかけない場所で偶然に元の上官の姿を見かけ、思わず「艦長ッ！　艦長さんじゃありませんか！」と声をかける。そして、その元艦長の平山と連れ立って店を出、小さなトリス・バーの客となる。あまりの懐かしさに、軍艦マーチのレコードに浮かれ、敬礼のまねをしながら肩で調子を取っている坂本と、そのはしゃぎっぷりを眺めている平山。無邪気な坂本と違い、当時を全面的に肯定する気になれない平山は、いささか翳のある複雑な笑みを湛えているようにも見える。この構図もまた、一種のアイロニーと見ることもできるかもしれない。

佐藤忠男は『お早よう』について、こう評している。「たいした意味のない日常生活のきまりきった断片で成り立っている」ため、「意味ありげに振舞うことはすべて滑稽」であり、その意味を認めても認めなくてもどっちでもよくなることを指摘し、「どうでもいいことを厳格にやることが小津の人生哲学」なのであって、この作品の笑いの本質は、まさにそういうアイロニーにあると結論づけている。その意味では、テーマにいわば隈取りをほどこした、ある種、哲学的な小咄と言えるのかもしれない。

月給なんか、こっちからやればいい

『お嬢さん』に、「ラヴシーンとは、人間がその愛欲を表現する文化的芸術的技巧を示す場合の謂《いい》なり」と板書する俳優学校の教師（小倉繁）が登場する。内容として否定できない「文化的」と、どことなく嘘っぽい「芸術的」とがもっともらしく隣り合った、この大仰な表現がおかしい。その教師、生徒の中からレディを教壇に呼び出し、いきなり抱きついて芸術的技巧の型を示そうとするが、当然突き放される。すると、一瞬ばつが悪そうな顔をしながらも、衆人環視の中では、たとい恋人でも一度離れてみせる傾向があると、もっともらしく解説して威厳を保とうとする。虚と実との境を曖昧にして言い逃れるとっさの機転だろう。

『美人哀愁』の初めには、「空のうろこ雲／脂粉の女の美しさ／どちらも長くはもちません」というフランスの詩人ジャン・コクトーのウイットに富むことばが引用されている。また、バー・モンテのマダム美津子（吉川満子）が「あんたがあまり現金なんだもの」と言いながら渡したお土産のレコードを受け取った馴染み客の岡本（岡田時彦）が見ると、そのレコード、表が結婚行進曲で、その裏が葬送行進曲。そんな場面もある。

『生れてはみたけれど』で、父親（斎藤達雄）に「学校は面白いかい」と聞かれた子供たちが、「学校に行くのも帰って来るのも面白いけど、その間があんまり面白くない」と答えるのもおかしい。「その間」だけが学校なのだから、一言「つまらない」と言えば済むのだが、がっかりさせまいと子供なりに気を遣ったのかもしれない。そう考えると、いじらしくもある。

その父親に、相手にならなければ喧嘩にならないと諭された子供たち。一人が「相手にならなきゃぶたれちゃうよ」と反論する。たしかに、反撃しなければ一方的にぽかぽかやられる。もう一人は「こっちがぶっても、むこうが相手にならなきゃいいね」と、その忠告を都合のいいように解釈する。実現はむずかしいが、どちらも一理あっておかしい。

「あたいのお父ちゃんはね、洋服どっさり持ってるよ」と自慢すると、相手は「お前の家、洋服屋じゃないか」と言い返す。「僕ンちの自動車の方が、うんと立派だよ」といばると、相手は「お前の家、お葬い屋じゃないか」とやり返すのも同様だ。

家ではいつも子供に、偉くなれと言っているくせに、その父親が外で他人にぺこぺこしている現場を目撃した子供が、どうしてあんなに頭を下げるのかと問い詰める。相手が重役だからだと理由を言うと、「お父ちゃんだって重役になればいいじゃないか」と、いとも簡単に言ってのける。そこで仕方なく、「つまり、太郎ちゃんのお父さんから月給を貰っているんだよ」とわかりやすく説明すると、「月給なんか貰わなければいいじゃないか」と過激なことを言い、「そんなもの、こっちからやればいいじゃないか」と進言する。なかなか世の中そんなわけにはいかないが、このいかにも子供らしい理屈が、その範囲ではどこも間違っていないだけに、かえって滑稽さが増すように思われる。

尻尾を持たない人間の最後の姿

『また逢ふ日まで』に、こんな考えさせられるせりふが出てくる。男（岡譲二）が「親父はおれを許している。だがおれは親父に許されたくなかったんだ」と言い、「おれは親父の顔を見ている間に、不孝者の儘で出征したくなったんだ」と、千人針を手に取って語る場面だ。女（岡田嘉子）が重ねてそのわけを尋ねると、「おれは大事な息子になって別れるより、不孝者の儘で別れる方が多少とも親孝行だと考えたんだ」と、その心理を説明する。たしかにそのほうが、親にとって、別れの悲しみ、失う痛手は小さいかもしれない。だが、はたしてそれは「親孝行」というものだろうか。とんだ計算違いのような気もする。

『箱入娘』に、結納を済ませた娘おしげ（田中絹代）が、好きだった荒田（竹内良一）のもとにその挨拶におもむく場面。たがいに好き合っていながら、どちらからもその気持ちを打ち明けないでいるうちに、もう取り返しのつかない段階に達してしまった。男は「こんな話になるまでに君のおっ母さんに逢えばよかったんだ」と後悔し、「おしげちゃんはなんとなく、僕のとこへ来てくれるような気がしてたもんだから」と続ける。誰が悪いわけでもない。ただ何となくこうなってしまったのだ。結局この映画は、三等車の中でもたれかかって来る荒田を、丸髷姿のおしげが肩で向こうへ押しやり、そっぽを向く場面で幕になる。

『浮草物語』で、喜八（坂本武）が川に財布を落とす場面がある。信吉（三井秀男）が慰め顔で「沢山入ってたのかい？」と聞くと、喜八はにやりとして「うん」とうなずくが、すぐ「嘘だろう。軽そうに浮いてくじゃないか」と突っ込まれ、「紙幣《さつ》だったかも分んねえじゃねえか」ととぼけるが、「紙幣なんか持ってた事ないじゃないか」と言われて降参する。

『大学よいとこ』は、「大学生は、尻尾を持たない人間の最後の姿である」という意味深長なことばで始まる。「尻尾」というのは人を化かすという狐狸のたぐいの象徴。卒業して社会の荒波にもまれるうちに人間としてすれてしまい、相手をだますような交渉も平気でするようになるから、たがいに油断がならない。だから、人間がまだ純真さを失わないでいられるのは、損得抜きに仲間とつきあえる学生時代までだという意味かと思われる。

休講をしても大学は学生に謝罪せず、授業料の払い戻しすらしない、と抗議する学生も登場する。たしかにそのとおりだが、それは世の中がもっとおおらかだった古きよき時代の話であって、最近は年を追って、冗談でなく余裕のない世知がらい方向に近づきつつあるようだ。

また、この映画には、「大学の講義なんて、年年歳歳相同じじゃよ」と、漢詩交じりにつぶやいて古いノートを貸す先輩も出てくる。「花相似たり」をもじって、何年も同じ講義ノートで間に合わせる教授の実態を皮肉ったもの。ひどい場合は昔のノートを先輩から借りれば、その年の講義に出なくても試験に困らない。最近はどうなのかしらん?

『一人息子』に出てくる大久保先生(笠智衆)は、もう少し勉強したいからと、信州から勇んで東京に出て行く。ところが、何年か経って、教え子の良助が上京して先生を訪ねてみると、驚いたことに大久保先生はトンカツ屋になっている。その衝撃的事実を母親のつねに報告する折に、良助は「あんな大きな青雲の志が五銭のトンカツを揚げるなんて」という言い方をする。これが人生というものだろう。トンカツ屋が揚げる分には何の問題もないが、青雲の志がトンカツを揚げるのは、まさしく人の世の哀しいアイロニーと言えるだろう。

幸福な孤独感

『お茶漬の味』の佐竹茂吉は、初めてのパチンコですっかり病みつきになり、それを正当化するためにいろいろと理屈をつける。まず、「安直に無我の境地に這入れる」のがいいとする一家言を披露し、「世の中の一さいの煩わしさから離れてパチンとやる。玉が自分だ。自分が玉だ」と一気にエスカレートして、その「幸福な孤独感」こそがパチンコの魅力だと結論する。いささか言いわけじみた大仰な哲学が滑稽である。

雨宮アヤが人前で気前よく夫の東一郎(十朱久雄)に金を渡し、客が帰るとすぐ取り戻す場面も笑いを誘う。世間体を気にするという点では、『東京物語』の美容院をやっている志げが、熱海から戻った両親を、客に「親」と言わずに「ちょいと知合いの者――田舎から出て来まして」と説明する神経に通うものがある。

その『東京物語』では、ほかにも、沼田が「子供というもんも、おらにゃおらんで寂しいし、おりゃおるで、だんだん親を邪魔にしよる」と嘆くせりふも印象に残る。子供などというものは、いてもいなくても、どちらにしてもいいことはない、という意味になるから、ひどく実感のこもったアイロニーと言えるだろう。

この作品の終わり近くで、平山周吉が、戦争に行ったまま帰って来ない次男の嫁の紀子に向かって、「妙なもんじゃ……自分が育てた子供より、云わば他人のあんたの方が、よっぽどわしらにようしてくれた」と礼を言う場面がある。個人の人柄の問題だけでなく、血がつながっていないと遠慮があって、どうしても相手にずけずけものを言ったり、邪険な態度をとったりしにくい、といった一般的な傾向もあるだろう。だが、親の側から見れば、それはやはり皮肉な現象に感じられたにちがいない。

あたくし狡いんです

その直前に二人のこんなやりとりがある。周吉が「あんたみたいないい人アないいうて、お母さんもほめとったよ」と言い、紀子が「あたくし、そんなおっしゃるほどのいい人間じゃありません」と打ち消し、周吉が「いやア、そんなことたあない」と強く否定したあと、「あたくし狡いんです」という紀子の思いがけないことばがとびだす。戦場におもむいたまま戦後何年経っても戻らず、戦死したものと思わざるをえない夫、つまり周吉の次男に対する気持ちのありようを問題にした発言である。「そういつもいつも昌二さんのことばっかり考えてるわけじゃありません」「このごろ、思い出さない日さえあるんです。忘れてる日が多いんです」「一日一日が何事もなく過ぎてゆくのがとても寂しいんです。どこか心の隅で何かを待ってるんです」というあたりが、紀子自身の告白する「狡い」という判断の根拠なのだろう。

脚本家の山田太一は、最初にこの映画を観たとき、「あたくし狡いんです」という紀子のせりふを、「相手が打消すのを見越した偽善の言葉」と感じたという。否定されることをあてにしてそう言ってみせる、その行為こそ「ずるい」と思ったらしい。戦死したと思われるときから八年も経過していたら、「いつも亡夫のことばかり考えていないのは当然」だからだ。事実、周吉は「いやア、狡うはない」と言下に否定し、「やっぱりあんたはええ人じゃよ、正直で」と、仏壇の抽出しから老妻の時計を形見として差し出す。

だが、その後、別の解釈をすることで、山田は突然納得したらしい。小津は紀子に、単に、亡くなったはずの夫を忘れかけている自分を「狡い」と言わせたのではないことに、ふと思い当たったのだという。戦死したにちがいない夫を含め、あの戦争でおびただしい数の人間が死んだという厳然たる事実を、それからまだ八年しか経っていない今もう忘れかけている小津自身を顧みて、そういう強いことばを言わせたのだと思い至ったというのである。

そういえば、思い当たるふしがある。最後となった作品『秋刀魚の味』に、思いがけず再会した元一等兵曹の坂本と、同じ駆逐艦の艦長だった元の上官平山との間で、こんなせりふの交換があったことを振り返ってみよう。坂本が「もし日本が勝ってたら、どうなってますかねえ?」と問いかけるが、日ごろそんなことを考えたこともない平山は、「さアねえ……」と、とっさにイメージが湧いてこない。すると坂本は、もし戦に勝っていたら、今ごろ二人ともニューヨークだ、ニューヨークったってパチンコ屋ではなく、アメリカのほんとのニューヨークにいると言い出し、「目玉の青い奴等が丸髷か何か結っちゃって三味線ひいてますよ」と、なかなか想像がたくましい。

想像するのは自由だが、ここで重要なのは、丸髷を結って三味線をひいているイメージが浮かんでこない事実だ。つまり、たとい敗戦後でもアメリカ人はそんなまねをするとは信じられないからである。ところが日本ではどうだ。坂本は「今の若い奴等、向うの真似しやがって、レコードかけてケツ振って踊って」いるという、この国の現状を指摘する。山田の解釈によれば、「自分」という語は紀子を指すと同時に、その奥にいる小津自身をも含んでいることになる。あるいはそれは、自分とて例外ではありえない、戦後の日本人の変わり身の早さを念頭に置いた、重いことばのふるまいだったかもしれない。

おそらくその底には、人間のそういう不誠実な在り方を人いちばい恥じる小津安二郎の正義感がうごめいていたことだろう。心の奥を語らずに、ことばの粋をつくりだしてきたシャイな小津が、潔癖を旨として生きる紀子の口を借りて、ふともらしてしまった本音だったような気もする。こういう小津映画らしくないある種の〝ほころび〟が、観客に衝撃を与えるという事実は動かせない。

ご亭主、達者だろうね

『彼岸花』の初めのほうに、西銀座のうまいもの屋、若松という店で、おせっかいな小父さんたち、あのちょい悪三人組が、酒を酌み交わしながら例の与太話を楽しんでいる。堀江（北龍二）が「男の方が強いと女の児が生れるッていうし、女が強いと男だっていうね」という俗説を持ち出し、その具体例をめぐってひとしきり盛り上がったところへ、そうとは知らずに店の女将が顔を出した。すかさず平山が、「おかみさんは何人いるんだい」と、そちらの話にひっかけて問いかける。いきなり「何人」と言われても何を質問されているのかわからない。どうせからかっているのだろうと思った女将が「何がです？　亭主ですか？」と冗談を言う。配偶者が何人もいるのは尋常でないので、相手を逆にからかった応じ方だ。平山は「亭主は兎に角、子供だよ」と、例の話題にひっぱる。存外真面目な話だと思った女将が「アア、子供――三人」と正直に答えると、河合が素知らぬ顔で「みんな男の子だろう」と言う。そんな話とは思わないから女将は「ええ、そう、よくご存じ」と驚いた顔をする。三人組は顔を見合わせ、「そりゃわかるんだ。そうだろうな」「ま、そうだな」「それでなくちゃおかしいやね」と、口ぐちに言って笑う。妙な雰囲気を察した女将が、これは何かあると、「なんです、先生」と聞くと、河合が「いい体格だっていうんだよ」と、文脈なしには通じるはずのない説明をする。女将は「なんだか厭ですねえ」と、酒のお代りに立つ。

『秋日和』の初めでも、これとよく似たやりとりが展開する。美人と結婚した同級生の七回忌の法事に出席したあと、例の三人組が築地界隈の料亭で酒盛りをしている。

田口が「やっぱりナニかね、あんな綺麗な女房持つと、男も早死するもんかね」と言い出し、間宮が「イヤア、三輪の奴、果報取りすぎたんだよ。ここんとこまた違った色気が出て来たじゃないか」と引き取って、三人で笑っているところに、女将のとよがお銚子を持って、「何そんなに喜んでらっしゃるの?」と顔を出し、間宮に酌をすると、間宮が唐突に「おかみさん、ご亭主、達者だろうね」と話しかけた。そんな話で盛り上がっていたとは知らない女将は、「エエ、お蔭さまで」と、その気遣いに感謝する。ところが、間宮はすかさず「そうだろうね」と応じ、田口も「そりゃそうだよ。ご亭主、長生きしますよ」と引き継ぎ、平山も「世の中何が幸せになるかわかりませんよ、ねえおかみさん」と、意味ありげに追い討ちをかける。どうも何か裏がありそうで、女将にとっては妙な雰囲気だ。美人の妻を持つと長生きできないという肝腎の情報を伏せたまま話を運んで相手をからかい、その前提となった話題を知っている観客の笑いを誘う点でも、『彼岸花』の場合とまったく同工異曲である。しかも、映画によって役柄は違っても、からかう側が佐分利信・中村伸郎・北龍二という例のトリオであり、からかわれるのが料理屋の女将を演ずる高橋とよであるというように、両作品とも全く同じ俳優の間で交わされる、ぴたりと息の合った絶妙のやりとりなのだ。

このうち佐分利信が笠智衆に入れ替わっただけの『秋刀魚の味』にも、ちょっと似たようなやりとりが出てくる。西銀座の小料理屋「若松」の女将（高橋とよ）がお銚子を持って姿を現し、堀江の再婚相手のことを「ほんとに綺麗なお若い奥さまで」とお愛想を言う場面だ。堀江が「いやア」と照れると、河合が「お前、このごろどこ行くんでも細君一緒か」とひやかす。「アア、まア、大体ね」とぬけぬけと言ってのける堀江に、横から平山がだしぬけに「呑んでるのか」と簡潔きわまる質問を発する。文脈がないから一発では堀江に通じず、「何?」と聞き返すと、平山は薬を飲むまねをしながら「あの方の……」と言ってことばをにごす。男だけにこのヒントでぴんと来た堀江は、「おれアまだそんな必要ないよ」と打ち消した後、「お女将さん、どうだい」と、とんだところに矛先を向ける。思いがけない飛び火に面くらった女将が「なんです?」と聞くと、堀江は「あの方……」と平山の請け売りをするが、それでも通じないようすを見かねて、横から河合が「亭主に呑ませてるかって聞いてるんだよ、おクスリ」とよけいな口出しをする。女将は「アラ、いやですねえ」と言うが、どこまで通じたのかはわからない。これも、文脈抜きで話しかけ、通じない相手をからかって楽しむという趣向である。

このいたずら好きの小父さん三人組の原型について、興味深い事実がわかっている。

『東京人』の二〇〇三年十月号で、『秋日和』に出演して、この三人組に振りまわされるアヤ子の役を演じた司葉子が、その佐分利信・中村伸郎・北龍二という「三人のおじさま」は、「小津先生、野田高梧先生、里見弴先生なんでしょうね」と語っているらしい。事実、里見弴、本名山内英夫の息子にあたり、松竹大船の製作部で小津映画のプロデューサーとして深く携った山内静夫は、井上和男編『陽のあたる家　小津安二郎とともに』の中で、小津にとって「うちのおやじ」は「非常に親しみ易い大先輩」という感じで、「しょっちゅう週に二回ぐらい」飲食をともにしながら「談論風発してバカなこと言ったり」していたことを証言している。

『彼岸花』も『秋日和』も、小津の映画化を予定して、野田を含む三人でストーリーや設定などを話し合い、それに沿って執筆した里見の同題の小説が原作になっているし、それ以外の作品でも、小津は里見の小説中の会話を手本とし、つねに里見ならどういう言いまわしをするかと想像しながらシナリオを書いていたという。宮本明子の『「おじさん」の系譜』によれば、親ではない立場から、後期作品のテーマとなった娘の結婚という問題に口出しできる人間として設定されたのがこの「おじさん」たちであり、その淵源は『老友』と題する里見作品に見出されるという。ただし、映画の中で交わされるおじさんトリオのやりとりには、里見・野田・小津の三者面談で実際に飛び出したせりふもふんだんに取り入れられ、芸として生かされていると考えるのが自然だろう。

ひじきにトンカツ

『秋日和』には多種多様な笑いが含まれている。冒頭の三輪秋子の亡夫の七回忌の場面で、田口が平山に茶を注いでやると、思いがけず茶柱が立つ。これは一般にめでたいとされる現象だから、平山が「オオ、茶柱か……。なんかいいことあるかな」と喜ぶと、田口が「お寺で茶柱が立つようじゃ、死んだ細君、迎いにくるんじゃないかい」とまぜっかえす。何の根拠もないが、どこかもっともな気もする理屈で、おかしい。

そこに挨拶に出てきた亡夫の兄の周吉に、平山が前に土産にもらったわらびの塩漬けのお礼を言うと、田口が「ありゃアうまかった」と横から口を出し、周吉に向かって「しかし、どういうんでしょうな、年取ると、だんだんああいうものがうまくなってくる」と、年齢とともに嗜好に変化が生じることを述べる。そしてさらに、もっともらしい顔で、「ヒジキにニンジンね、シイタケ、キリボシ、トーフにアブラゲ」と渋好みの具体例を並べたてると、脇から平山が「それからビフテキ、とんかつ？」と茶々を入れる。その前に二人で、上野の本牧亭の横丁にあるビフテキのうまい店や、金を工面しては通った松坂屋裏のとんかつ屋の話をしていたくせに、さっきの話と全然違うじゃないか、またまた調子のいいことを言って、急にいっぱしの年寄りじみた口を利くな、そんな気持ちでまぜっかえしたのだろう。そうなると、この食べ物の列挙は何が何だかわからなくなる。戦地では小津の嫌ったはずのヒジキやキリボシなどの渋い好みの系統と、ビフテキやトンカツのような脂っこい料理の系統とはあまりにも異質で、全体としてまるで筋が通らないからだ。

ひょっとすると、このひやかしの合いの手は、茶柱の一件の報復攻撃であったかもしれない。事実、ドナルド・リチー『小津安二郎の美学』には、「日本人の悪名高いうわべだけの言葉への平山個人の攻撃を含んでいる」という解釈が記されている。だが、本音と建前が違うのはなにもこの田口だけではない。皮肉ってみせる当の平山も俗物きわまる大学教授で、そういう日本人の典型的な一人なのだから、他人のことを言えた義理ではない。もしもこれが平山の本気の反撃であったなら、そんなことをお前に言われたくはないと田口は腹を立てるに違いない。しかし、この場面でも田口の反応を、蓮實重彦は『監督 小津安二郎』で「正体見られたかといったように苦笑する」と受け取っている。ここはやはり、人間が枯れて老境というわびさびの世界に入ったかのごとく人前でふるまってみせる田口を、一人だけいい気になって恰好をつけるんじゃないと、平山が軽い気持ちでからかってみせたのだろう。日ごろの言動との矛盾を指摘してくすぐることによって、人間というもののいい加減さを暴露し、いっしょに笑おうとした友好的ないたずらにすぎなかったような気がするのだ。

寿司屋の父が後妻をもらって、今いっしょに住んでいる娘の百合子が、アヤ子の母の秋子のことを「とってもいいお母さんだ」と褒め、「ほんとのお母さんて、やっぱりいいなアと思っちゃった」と、実母を亡くした寂しさを会社でふともらすと、親しい同僚の杉山（渡辺文雄）が、「君ンとこだっていいじゃないか。いいお母さんだよ」と慰める。それでも百合子が「そりゃいいけどさ。どっか違うわよ。これでもあたしお母さんに気イつかってんのよ」と言って、杉山が「そうかなア」と首をかしげると、「そう見えない？　見えなきゃ、あたしが巧いんだな」と、百合子は澄まして言ってのける。気を遣っていることが相手にも他人にもわからないようにうまくやっていると、あえて自慢げに言ってみせるこの表現、そう見えても見えなくても、気を遣っているという事実は動かないから、それを冗談めかした、ちょいと気の利いたせりふと言えるだろう。

嵐山って京都でっか

『小早川家の秋』の最初のほうに、万兵衛が偶然、昔の女佐々木つねに出会う場面がある。その場所がまた、思いもかけないところだから、万兵衛は「不思議なもんやなア縁ちうもんは」と感慨深げに言い、「競輪の帰りとはなア……。水の流れと人の身はや」と続ける。赤穂浪士の大高源吾の名文句でも連想させそうな言いまわしに競輪が結びつくアンバランスな表現が観客をくすぐる。

娘の文子は、自分が小さかった頃、今は亡き母をよく泣かせたよその女と万兵衛が焼けぼっくいらしいと聞いては内心おもしろくない。「ショがないなアお父ちゃん、ええ年してフラフラと」とこぼす。夫の久夫がひやひやして、「お父さんにあんまりきついこと云うたらあかんで」、「なんというても年やさかいな」となだめるものの、「ほんなら年寄りらしゅうしてたらええンや」と筋を通す文子は、簡単にはおさまらない。久夫が「けどお父さんの性格やったら、そうもいかんやろ」と、なおも逃げ道を用意すると、「性格やったら何しても構《か》めしまへンの？」と手きびしく、文子はあくまで正論で押す。「お父さんのあの性格、今更云うたかてなおらへンで」と諦め顔の久夫に、文子は「ほんならなおるまで云うたるわ」とどこまでも強気で、とうてい折り合いがつかない。

それからしばらくして万兵衛は、亡妻の今度の命日に嵐山で食事をしようかと言いだし、「お母ちゃん嵐山好きやったしなア」と、妻思いの提案理由をもっともらしく述べる。問題の女が京都に住んでいることを知っている文子は、とぼけて「嵐山って京都でっか」と、わかりきったことを質問し、「お母ちゃんも好きやったけど、お父ちゃんもお好きですなア、京都」と皮肉ったあと、「京都に何ぞええことありますの？　このごろよウ行かはるけど」と、やんわり追及する。万兵衛は「何がイ。なんのこっちゃ？」とすっとぼけるが、文子は「何もかもちゃアンとわかってます」と追い詰め、「フン、どこの嵐山やらわからへん！」と言って、そっぽを向いてしまう。

それでも、結局、この嵐山行きは実現するが、その料亭での宴席でも、文子は「お父ちゃん。折角の京都、ほかにご用あるのと違いますか」と謎をかけ、大阪に戻ってからも、「けどお父ちゃんにはちょっと気の毒やった」とほのめかし、万兵衛が相変わらず「何がイ」と通じないふりを続けると、「折角京都まで行っといて」と、文子はやんわりと厭味を言う。どちらも噴火することなく、ここまで辛抱強く水面下の対立を続けられるのは、敵味方が血の通ったほんとの父娘だからだろう。それにしても、素人旅館を営む昔の女というキーワードを慎重に避けて、とぼけながら交されるこの二人の絶妙のやりとりは、なかなか味があり、滑稽な芝居として観客を楽しませる。

十三　にじみだすユーモア

お紙幣《さつ》がこんなに落ちてら

昭和初頭の作品『足に触った幸運』の初めのほうに、鬚を剃っていた貢太郎が、眉をひそめながら、「静かにさせろよ、朝っぱらから子供がギャンギャン泣き立てると、尚更貧乏が身に沁みるじゃないか」と、妻の俊子に小言を言う場面がある。金がなくて乳母を雇えないから子供の泣き声がいつまでも止まないといった物理的な事実もたしかにあるだろう。だが、ここは、そんな理屈よりも、子供のその泣き声が貧乏というもののつらさを増幅させ、それを聞かされる親がよけいみじめな気持ちになる、そんな心理的な作用が大きいのだろう。そう考えると、思いがけず観客はひとつの発見をしたような気分になり、気の毒ながら、どこかおかしい。

それから二年後の『生れてはみたけれど』のラストに近い箇所に出てくる子供のせりふも笑わせる。父親の吉井が「お前は大きくなったら、何になるんだ」と次男の啓二（突貫小僧）に将来の夢を聞くと、「中将になるんだ」と、なぜか中途半端な希望を述べる。「どうして大将にならないんだ」と問い返すと、「兄ちゃんがなるんだから、いけないって云ったよ」という思いがけない返事。軍隊では一人しか大将になれないと弟の夢を割り引かせる兄貴と、そんな無茶なことばに忠実に従う弟。今では、どこかほほえましい風景である。

翌年の『出来ごころ』にこんな場面が出てくる。喜八がポスターの美人を見てから、「かあやんも、これで昔は鶯を鳴かせたんだろうな」と、一膳飯屋のおとめをおだてるシーンだ。おとめは口では「乗せないでよ」と言いながら、満更でもない表情で、「今はどうだい？」と衿を抜く。喜八は「今か？」と見て、返すことばに窮し、困った顔をして「勘定が借りじゃ、はっきりしたことも云えねえやな」と本音を見せて、相手を怒らせてしまう。

その二年後の『東京の宿』でも、相変わらず貧乏な喜八（坂本武）が、腹をへらした子供たちに、今何が食いたいかを順に尋ねる場面は笑わせる。そう言われて、「でっかい大福」とか「親子丼」とかと答えていた子供が、「ちゃんは何だい？」と、逆に親に聞く。喜八が「俺は一杯やりたいね」と飲む真似をすると、上の子の善公（突貫小僧）が「水かい？」と無邪気な質問を発するので、喜八は思わず力が抜け、観客も笑い出す。すると、気配を察したのか、善公が「ちゃん！　一杯いこう！」と徳利を取る真似をし、喜八もつられてそれを受けて口に運ぶ真似をする。善公はすっかりその気になって、「この酒うまいだろう？」「どうだいするめ」「ちゃん、もっと大きなので飲みなよ」「まだあるから遠慮するなよ」などとふるまい、喜八も「酒くれ酒」「こぼすなよ、もったいねえじゃねえか！」などとそれに応じ、親子で酒宴たけなわといった雰囲気を演ずる。

さらに、善公が「お紙幣《さつ》がこんなに落ちてら」と言うと、喜八は「飛ばしちまえ」と応じて、気前よく空中にばらまく真似をする。下の子の正公（末松孝行）に「めし喰うか？」と聞いて、その子がうなずくと、善公に「よそってやれよ」と命じ、善公が山のようによそってやる真似をする。正公も食う真似を始めるが、喜八がいい気分で「うめえか？」と声をかけると、正公は正直に「ううん」と首を横に振る。なにやら落語の『長屋の花見』を思わせる趣向だが、ここは八っつぁんや熊さんでなく、食う物がなくて腹をすかせた子供たちを相手の芝居だけに、滑稽な中にも憐れを催す。

このあたりの例は、どの笑いにもしみじみとした人間味が漂っていて、単純におかしいだけではない、何かほのぼのとしたものが立ち昇ってくる。

パン食べない？　アンパン

戦後の作品『麦秋』にも、そういう心情的な笑いが豊かである。紀子たちの住む鎌倉の家に、父方の伯父にあたる茂吉が大和から出て来た。高齢で耳の遠い茂吉に「幾つになったい？」と聞かれ、耳元で「二十八です」と答えると、これは聞こえたらしく、「もう嫁さんに行かにゃいかんなァ」と言う。紀子はいたずらっぽく「いいとこありません？　大和に」と尋ねても、よく聞こえないらしく、茂吉は黙って景色を眺めている。並みの声では聞こえないとわかり、いたずら心を起こして、「とてもお金持ちで、一生なんにもしないで遊んでいられるようなとこ……おじいちゃまご存じありません？」と、笑いながら夢みたいな縁談を口にしてみる。安心して勝手なことを口走ってみたのだが、茂吉は案の定、「ああ、いい天気だ」とまったく無関係な受け答えをする。ほのぼのとおかしい場面だが、のちに子連れの男の再婚相手となって苦労することとなる紀子の現実を考えると、この夢物語はいささか悲痛な感じを胚胎しているような気もする。

実際にその再婚話の舞い込む場面は、この映画のひとつのクライマックスだろう。

別の箇所で別の話題として何度か取り上げたシーンだ。当人の謙吉のいないときに、その母親のたみが、自分の個人的な夢として一方的にしゃべり、それが思いもかけず実を結んでしまう。たみ自身がまったく当てにしていないことは、「紀子さんおこらないでね」「虫のいい話なんだけど」「ごめんなさい。こりゃあたしがお肚ン中《なか》だけで考えてた夢みたいな話……。おこっちゃ駄目よ」といった話の切り出し方からもよくわかる。

だから、紀子が「ほんと? 小母さん」と前向きの反応を示しても、たみは「何が?」と聞き返すほど、紀子の肯定的な返答をまったく予期していない。それどころか、紀子の好意的な応じ方を受けとめかね、逆に紀子が機嫌をそこねたものと勘違いして、「ごめんなさい。だから怒らないでって言ったのよ」と、ひたすら詫びるほど、とんちんかんな応対ぶりである。紀子が「あたしみたいな売れ残りでいい?」と念を押すと、「え?」とわが耳を疑うありさまだ。「あたしでよかったら」という次のことばを聞いて、やっと事の真相に気づき、「ほんと?」「ほんとね?」と確認し、さらに「ほんとよ!」それでもまだ信じられないのか、「ああ嬉しい!」と言ったあとも、まだ不安なのかほんとにするわよ!」とくり返し、「ああ、よかった、よかった! あか「ほんとね?」ともう一度確かめては涙ぐみ、「ああ、よかった、よかった! ありがとう、ありがとう」と感極まる。その興奮状態のまま、「ものは言ってみるもんねえ。もし言わなかったら、このまんまだったかも知れなかった。やっぱりよかったよ、あたしおしゃべりで」と、一人ではしゃぐ始末だ。

そして、「よかったよかった。あたしもうすっかり安心しちゃった」と、当人の知らない間に再婚話がまとまってしまい、有頂天になったたみは、突然何を思ったのか、「紀子さん、パン食べない？　アンパン」と言い出す。うれしくて、うれしくて、何かしないでいられない気持ちなのだろうが、このタイミングで、何の関係もない「パン食べない？」ということばが飛び出すのが何ともおかしい。しかもそれが、サンドイッチでもクロワッサンでもトーストでもなく、なぜか「アンパン」なのが理屈抜きにその笑いを増幅することだろう。

紀子は結局、その誘いに乗らず、「あたしもうおいとまするわ」と、謙吉の帰宅しないうちに立ち上がる。ここで突如として脚光を浴びることとなったアンパンのほうも、さぞや面くらっただろうが、むしろショパンのほうが似合う紀子が、そのアンパンをせめて半分なりと口に入れていたらと、観客はよけいなことを考えるかもしれない。そうすれば、このシーンがさらになごやかになり、紀子の人柄がいっそう輝いたような気もする。こういう気ままな想像に駆り立てるのは、それがほかならぬアンパンだからである。

その話が現実のものとなり、紀子が子連れの男と結婚して秋田に行くと聞いた友人のアヤは、それまで紀子に抱いていたイメージとあまりにもかけ離れているのにあきれ、そのとまどいを当人にぶつける。「だって、あんたって人、庭に白い草花か何か植えちゃって、ショパンか何かかけちゃって、タイルの台所に電気冷蔵庫か何か置いちゃって、こうあけるとコカコーラか何か並んじゃって……そんな奥さんになるんじゃないかと思ってたのよ」と、そのイメージを具体化し、さらに、「あたしが遊びに行くでしょ? そしたら、ホラ、だんだらの日除けのあるポーチか何かでさ、あんた真ッ白なセーターか何か着ちゃってさ、スコッチ・テリアか何かと遊んでて、垣根越しに、Hello! How do you do? なんて言っちゃってさ」と、いささかオーバーランぎみに続けるものだから、楽しそうに笑っていた紀子も、さすがに最後は「まさかア!」とあきれた声をあげる。

アヤが想像をたくましくして、他人の未来の生活をその人の印象に合わせて勝手につくりあげ、それを具体的なイメージにして次から次へと並べ立てるこのくだりは、漱石の『坊っちゃん』の第一章で、下女の清が、坊っちゃんの将来の家を自分で勝手に設計してしまう、あのおしゃべりを思わせる。それはまた、知らない女と出会って言い寄られる場面を一人で勝手に想像しながら、せりふやしぐさまで交えて夢中でしゃべり続ける、あの落語の『湯屋番』を連想する観客もあるかもしれない。そういうタッチである。

紀子は嫁いで秋田へ、周吉夫妻も大和にひっこむこととなり、間宮家でもお別れのスキヤキの宴が開かれる。孫の実が一人いつまでも食べ続け、ようやく満腹になって箸を放り出すと、その弟の勇が不意に立ち上がって部屋から出て行く。母親の史子が「勇ちゃん、どこ行くの？」と声をかけると、勇は率直に一言「ウンコ」という返答。この場面は印象的だ。

誰も滑稽なことをしたわけでも、言ったわけでもないが、観ていて自然に笑いが湧いてくる。たくさん食べて腸の働きが活発になったせいかもしれないが、そんな理屈とは無関係に、家族はみな明るく笑う。こういう自然のままがかわいいのは子供の特権だ。どんな高貴な人間でも大スターでも、文化というものの期待されている大人では、顰蹙を買うだけで、とてもこうはいかない。

表と裏の使い分け

『お茶漬の味』に、佐竹茂吉の妻妙子の姪にあたる節子が、自分の見合いの途中で無断で帰ってしまうシーンがある。妙子が付き添って歌舞伎座に出かけたのだが、節子は手洗いに立つような顔でその席から抜け出し、佐竹家にやって来た。家にいた茂吉は、「見合いなんて野蛮よ」と嫌がる節子をなんとか歌舞伎座まで送り届け、帰路、若い岡田と競輪場に向かったが、そこのスタンドで、「フフフ、また来ちゃった」とにこにこ顔の節子にまた出会う。「駄目じゃないか」と一往は叱ってみたものの、結局はそのままいっしょに競輪見物をして、帰りにパチンコ屋に立ち寄り、帰りたがらない節子を岡田に託して、茂吉は帰宅する。

不機嫌な顔で戻って来た妙子にいろいろと問い詰められ、茂吉は節子を歌舞伎座に送り届けたところまでは事実どおり伝えたが、その後いっしょにあちこち立ち寄ったことはさすがに言いにくく、そこは曖昧にしておいた。節子にすっぽかされて、見合い相手の先方の手前、大恥をかかされた妙子は、節子はまったく無茶だ、大磯の実家が甘いから節子はいい気になってる、あなたからもよく言って聞かせてと、いきりたつ。茂吉は何とも抗弁しがたく、「ウム、そりゃ悪い」とか「ああ、言うよ」とかと相づち程度にことばをはさむだけで、本気になって話に乗る真似だけして逃げている。

茂吉が二階の机に向かっていると、小声で「あたしの来たこと内緒よ」と言いながら、節子が入って来る。あいにく、そこへ妙子が上がって来て、二人は鉢合わせし、

「あ、叔母さま、こんばんは」「あんた、何、今日！」「ごめんなさい」「もう口きかない、あんたなんかと」というやりとりとなる。「あなた、叱ってやって頂戴」と妙子にバトンタッチされた茂吉は、「うんと叱って頂戴」という再度の要請を受けて、仕方なく重い腰を上げる。

「そりゃ節ちゃんいかんよ。かりにもお見合いじゃないか。行かないって法はないよ。第一、向うの人にだって失礼じゃないか」と、ともかく叱ってはみたものの、どうせ形だけだと思っている節子には一向に迫力が感じられない。そんなことは知らない妙子が、そう、その調子だと、夫に任せて階下に下りてしまうと、叱っている茂吉のトーンは次第に低くなる。その変調に気づいた節子は、「なアに、叔父さま、ひどいわ」「一人でいい子ンなって」と逆襲に転ずる。苦しい立場の茂吉の表と裏の使い分けが不器用で、このあたりの駆け引きが何ともおかしい。

『彼岸花』でも、会社の上司と部下とのやりとりがぎこちなく、気遣いを見せる日本人の大人の対応が笑いを誘う。常務の平山が社員の近藤を呼びつけ、「いそがしいんじゃなかったの？」と、部下に心づかいを示す。こういう場合の受け答えはけっこう神経を遣う。「忙しい」と言えば、相手は呼び出して済まなかったと思うはずだし、そうかといって、相手に恐縮させまいと「忙しくない」と答えれば、日ごろ会社で楽をしているように思われかねない。近藤はとりあえず「いいえ」と答えて、上司が気兼ねをしないよう配慮を示す。ところが、平山はそれを額面どおりに解釈して、わざわざ「暇かい」と確認する。そう言われては、ここも対応が難しい。はっきり「暇だ」とは言いたくないし、一度「いいえ」と答えた手前、今更「忙しい」と言うわけにもいかないからだ。そこで迷った近藤の返事は、「は……いいえ」。

最初の「は」は多分、「はい」という意味で恐縮して言う「はあ」の簡略形だろう。とすれば、これでは全体としてイエスなのかノーなのかはっきりせず、情報伝達としては意味をなさない。「は」の部分を単に恐縮の態度を示しただけと考え、「いいえ」の部分だけが返事だと解釈すれば、相手の言を打ち消したことになるが、このやりとり全体としては、「忙しい」をも「暇」をも否定したことになり、やはりどちらなのか判然としない。情報としては無意味だが、はっきりと言いにくそうな心理は相手にみごとに伝わるから、この場合のコミュニケーションの役割はきちんと果たしているとも言えないことはない。

その近藤が、やはりこの上司に、あいにく自分のなじみのバーに連れて行かれた際のやりとりも、これとよく似ている。ルナという名の店を二人で探していて、偶然見つかったようなふりをしてその店に入ったまではよかったが、平山に「君、知ってたの？　ここだよ、ルナ」と聞かれて、近藤は当惑する。「知っていた」と答えれば、それまでとぼけていたことがばれる。知らなかったと嘘をつけば、それにしては店員の接客態度がいやに馴れ馴れしいと思われかねない。窮地に陥った近藤は、ここでも自然、「はア、イエ」という曖昧な返事となる。いかにも日本的なこういう微妙な応じ方は、日本という国に住む人間の生き方を映し出す窓として、得も言われぬおかしみをかもし出すような気がする。

複線会話

『お早よう』のおかしみについては、佐藤忠男が「諷刺のトゲがあるわけでもなく、自嘲の空しさがあるわけでもなく、ナンセンスのけたたましさがあるわけでもない」と評し、幸福感に満たされた純粋な笑いであると絶讃した。みどりの家にはその頃まだ珍しかったテレビがある。そのため、時折、近所の子供たちがやって来て、相撲放送などを見させてもらう。そこへそのうちの一人の母親のきく江が連れ戻しに現れる場面がある。その場で、子供たちに向かってつっけんどんに言うことばと、その家の主婦みどりに向かって愛想よく言うことばとが交錯する。まったく調子の違う二系列の別種の会話が入り交じるさまは、まさに圧巻である。その実例のほんの一部を具体的に紹介しよう。

「ごめん下さい。幸造、また来てたのね！　駄目じゃないか。こんにちは。いつもいつもお邪魔ばかりして、ほんとにご迷惑ですわねえ。英語どうしたの？　いかないのかい？　実ちゃんもどうしたの？　善ちゃんもお母さんにおこられるわよ、こんなとこへ来てて。ほんとにご厄介ですわねえ、お宅も。」

斜体の部分が、みどりに向けたよそゆきのことばづかい。その他は、子供たちに向かってのぞんざいな言い方になっている。この発話全体の流れを通して聴いていると、あまりの違和感に途中で吹き出すほどだ。不自然なほどちぐはぐな感じが耳に立つことだろう。

これを分析的に鑑賞してみよう。まず、「また来てたのね」と「お邪魔ばかりして」、「駄目じゃないか」と「ご迷惑ですわねえ」、「こんなとこへ来てて」と「ご厄介ですわねえ」とが、それぞれほぼ同じ行為や状態に対応している。似たような内容なのに、あまりに評価の違うことばで表現されていることに驚く。しかも、子供たちに向けた発言部分にある「こんなところ」というマイナス評価のことばが、ほかならぬその家を指し、それがそっくり、その住人であるみどりの耳にもきちんと届くのだから、丁寧さの使い分けというソフト面でのせっかくの配慮も、その情報というハード面の配慮のなさによって帳消しになって無駄になる。そういういわば〝ほころび〟が、観客には楽しい。

子供たちが帰る時に、みどりは「先生にお姉ちゃんがよろしくってね」と実に伝言を頼むのだが、実は「お姉ちゃんて小母ちゃんかい？」と、子供らしく率直な疑問を露骨に投げかける。「お姉ちゃん」ということばのイメージと、みどりという指示対象の印象との違和感を真っ正直にぶつけただけだから、みどりはいくらがくっと来ても、どこにも文句の持って行き場がない。いくら客観的事実とはいえ、たがいの思惑を考える大人は口に出すことを躊躇する。これも子供の特権だろう。からりとした笑いである。

好きなようにすわれ

『秋日和』にも人情の機微にふれ、人間らしさの横溢する笑いがめだつ。映画は三輪秋子の亡夫の七回忌の場面から始まる。法事が終わり、料亭でくつろいでいる時に、間宮が「イヤア、それにしても今日のお経は長かったね」と思わず本音をもらすと、平山がすかさず「お前、云うことないよ。あとから来やがって」とたしなめる。たしかに、遅刻した人間にとってはお経を聞く時間がそれだけ短かったはずだから、最初から聞かされた人間から見れば、それはこっちのせりふだという気分になるのも無理はない。そもそも、こんなふうに迷惑がること自体、ありがたいお経に対する冒瀆なのだが、教義がちんぷんかんぷんな凡人の場合、年齢とともに長い正座がだんだんつらくなり、読経の終わるのを待ちわびるのも自然だろう。

だからこそ、施主である秋子が「お経は成るべくチョッピリ、有難いサワリのとこだけにした方がいいって、田口さんがおっしゃったんで、わたくしもそう和尚さんにお願いしといたんですけど」と釈明に努めるのだ。田口が「有難いサワリのとこ」と指定したのは、お経の中にはありがたいくだりと、それほどでもないくだりがあるという前提に立っており、和尚にその選別を依頼したことになる。また、そこに義太夫節や浄瑠璃のように「サワリ」などという俗っぽいことばを用いたのも語弊があって、二重三重に無礼を働いていることになり、考えてみるとおかしくなる。「イヤア、坊主の奴、サーヴィス過剰だよ。奥さん、お布施が多かったんじゃないですか」と、さらりと言ってのける田口の言動は、その集大成とも言うべきものだろう。

施主の秋子たちが先に帰ると、「ここんとこまた違った色気が出て来たじゃないか」と間宮が、席を立ったばかりの未亡人をそう評し、「お前もそう思ったか」と田口が受けて、「お前、あれ感じないようじゃ、よっぽど鈍いぞ」と平山をからかう。

平山も「そりゃ感じるけどさ、お前たちほどじゃないよ」と応じて、例の小父さんトリオのお色気談義が始まる。

その後、秋子の娘アヤ子に間宮から縁談が持ち込まれるが、アヤ子は「あたしこのままでいいの」と、写真や履歴書が届く前に断ってくれと母親に言う。それから何日かして、アヤ子が間宮の会社を訪ねて亡父のパイプを渡すと、偶然、事務員の後藤が書類を持って常務室に現れる。すると間宮は、戻りかける後藤を呼びとめて、「このお嬢さんだよ。君が断られちゃったの」と伝え、返す刀で「アヤちゃん、君が振ったの、この人だよ」と、当人たちの前であっさり縁談の結末をばらしてしまう。

後藤が立ち去ったあと、アヤ子は「いやだわ、小父さま」と抗議するが、間宮は「何が？」と、まるでデリカシーというものを感じないふうで、「悪いわ、あんなことおっしゃって」とアヤ子がなおもくいさがっても、「だってその通りじゃないか」と一歩も譲らない。美男美女の似合いのこの縁談、一度会ってたがいを見てしまえば案外うまく運ぶかもしれないと、ひょっとすると間宮はけしかけるつもりだったのかもしれない。とすれば、このやりとり、どちらも人間らしい心づかいを示したようにも思えてくる。

ともあれ、偶然を巧みに活用したこの瞬間見合いが功を奏したのか、別のルートで結局この二人は結ばれるのだが、その間に、こんなさりげないエピソードが挿入されている。

会社の親しい同期入社の女性が結婚し、新婚旅行に出かける。二人の乗ったその列車が近くを通るのを見送るために、アヤ子と百合子が時間に合わせて会社のビルの屋上に出る。二人が手を振り、花嫁が窓から花束を振る約束になっているのだ。もうそろそろだという頃の、この若い未婚の社員による掛け合いの会話がおかしい。百合子が「重子どんな顔して乗ってるだろ」と話しかけ、アヤ子が「ふたり、向い合ってるかしら、並んでるかしら」とよけいな心配をすると、百合子は見ちゃいられないというふうに、「どっちだって好きなようにすわれ！　畜生、うまくやってやがんなア」と乱暴な口調で応じる。新婚夫婦がどう坐ろうと、それは当人の問題だから、大きなお世話というもの。それを勝手に想像しては独りであてられている独身女性たちのふるまいが愉快だ。

だが、二人がいくら手を振っても、窓からあてにしていた花束が見えないまま、列車は非情に通り過ぎる。むなしく見送った百合子は「一緒に入社して、あんなに仲よくしてたのに」と嘆き、アヤ子は「みんな、だんだん離れてっちゃうのよ」と悲しむ。瞬間、友情とはそんなものだったのだろうかと、二人は疑ってみたような気もする。

車内で何があったかは、もちろんわからない。そこを通り過ぎるのはあまりに短い瞬間だから、気がついた時にはもう間に合わなかったのかもしれない。話に夢中になっていてうっかりしていたのかもしれないし、ほんとに忘れてしまっていたのかもしれない。しかし、ともあれ、今までとは違うその二人の生活が始まっていたことはたしかだ。おかしみの直後に、誰にでもいずれは訪れる人生の現実をちらりとのぞかせる、これがヒューマーとも呼ぶべき小津映画の笑いである。

いい夢見たじゃないか

前にもちらとふれたように、例のおせっかい三人男が、アヤ子が結婚しやすくなる環境を築くため、独り残される母親をその前に再婚させるという飛びきりの名案を思いついた。田口が先方に再婚の気持ちがあるかどうかを確かめる全権大使を引き受ける。だが、その計画を実現するには当然、お相手が必要だ。そこで、手近なところから、目下唯一やもめでいる平山に目をつけ、間宮が「平山でどうだい」と提案し、田口も賛成するが、突然のことで肝腎の平山が「冗談じゃない、そりゃ困る」と辞退してみせると、田口が「勿体ない奴だよ、それじゃ何ンのために今までヤモメになってたんだか分らないじゃないか」と言い、間宮も「代わってやりたいよ」と羨ましそうに援護する。一見もっともらしいが、やもめになるのに目的が要るわけではないし、代わってやるためにはまず自分がやもめになる必要が生ずるわけであり、そのめちゃくちゃな論理がおかしい。

当の平山、とっさのことで反射的に断ってはみたものの、あんな美人と暮らすのも何だか悪くないような気分になってきた。そこで息子の意見も聞いてみようと、幸一に、「お父さん断って来たんだけどね、お嫁さん貰わないかって話があるんだ」と相談を持ちかけようとする。ところが、幸一は即座に「おれのかい」と念を押す。まさか父親がいい年をして再婚するなどとは思いもしないから、これは何も知らない身としてはごく自然な反応だろう。わけを話し、相手は秋子だと言うと、それなら賛成だと幸一も納得する。

そう聞いて、いよいよその気になった平山は、隣の部屋で上着を脱ぎ、なんとなく腕を伸ばして体操まがいの動作を始めると、それを見た幸一が「お父さん、急に元気出たじゃないか」とひやかす。平山は照れながら、ちょいと肩を叩いてその場をごまかす。たいてい、人間というものは、まずそんなものだろうと思わせるこのシーンも、観客の微笑を誘う。それは人間という存在の愛すべき愚かさに対する共感の笑いである。

しかし、秋子に再婚の意志のないらしいそぶりが判明し、結局、ついその気にさせられた平山の夢はついに叶わない。間に立ってようすを確かめに三輪家を訪れた田口が、秋子ののろけを聞かされ、そんな話を一言も切り出せないまま、美しい指でむいてくれた林檎をごちそうになり、亡夫のパイプを土産にもらって、ご機嫌で退散する結果となったからである。その経緯を聞いた平山は、「おれだけダシに使われちゃって、お前たちア、パイプ貰ったからいいよ」と、自分だけ大損をしたようにぼやく。するると田口は、自分の不首尾を棚に上げて、「お前だって得したよ。いい夢見たじゃないか」と慰めにかかる。

たしかに、はるかな空に虹のように消えたのは、悪意のない男たちが、寄ってたかって勝手につくりあげたはかない夢であったにはちがいない。

婚礼も葬式も似たようなもの

『彼岸花』に、モーニングをめぐるこんな夫婦の対話がある。河合の娘の結婚披露宴から帰宅した平山がモーニングを脱ぐシーンだ。妻の清子が、「あなた、明日またモーニングですか」と尋ねると、着る当人から「なんだッけ?」という頼りない返事が返ってくる。清子が「どことかの会社の方の告別式」と言いかけると、平山はやっと思い出し、「アア、ありゃいいだろう、背広で。ネクタイだけ黒きゃ」と言う。それを受けて清子は「そうね、モーニングだってまごつくわよ。今日お目出度で明日はお葬式《とむらい》じゃ」と軽口をたたく。モーニングがまごつくという擬人的な表現に観客はにんまりとするだろう。ここはまだ、ヒューマーという深い笑いには達しないものの、その清子のなにげないことばから、祝儀と不祝儀というまるで反対にも近い両極端の儀式に、ネクタイの色こそ違え、モーニングという同じ衣装を用いるという奇妙な習慣のあることに気づく。

最後の作品となった『秋刀魚の味』の終わり近くでも、そのモーニングをめぐって思いがけず慶弔が一瞬交差する対話が現れる。平山の娘路子の結婚披露宴のあと、河合の自宅で仲間どうしで酒を酌み交わすが、平山はひとり先に辞去し、足元をふらつかせながら、なじみのバー「かおる」に向かう。ドアを押して店の客となり、スタンドに腰を下ろすと、平山のモーニング姿に目をとめたマダムは、軽い調子で「今日はどちらのお帰り――お葬式ですか」と声をかける。平山が亡妻にどこか面ざしが似ていると思う女だが、むろんこれは、なじみ客に対するたわむれ半分の問いかけだったろう。

平山は「ウーム」と唸って一瞬考えたあと、「ま、そんなもんだよ」と答える。ふだんなら軽い冗談で済む受け答えだが、今夜は違う。「そんなもの」ということばで、なかば本音を語ったともとれるのだ。

若いころのお母さんにちょっと似ていると、前に平山が家族に話したこともあるマダムだが、娘を嫁がせた親のむなしさを、もう一人の親である亡妻に訴えているような気持ちが、平山の心のどこかにあったかどうかはわからない。面影は似ていても、このマダムにそこまで通じるはずはないから、ここはやはり、平山が自分に向かって本音をつぶやいたと解するのが自然だろう。妻に先立たれ、父親としてひとり娘を嫁がせた夜のこととて、めでたいこととは知りながら、平山の心のどこかを、その時、大事な家族を手放したというむなしさ、ある種の喪失感が領していた、ということは十分に考えられるからである。

ともあれ、婚礼と葬式という慶弔の二大行事は、単にモーニングのような礼服という共通の衣装でだけ結びつくものではなく、心の奥でも通い合うもののあることに、観客ははっと気づく。娘の新しい門出は、同時に親との離別を意味し、前者の幸福感は後者の喪失感とともに実現するのだという、避けようのないむごい現実に思い至ることだろう。

正反対に見える出会いと別れが、実はそういう背中合わせの関係にあることを考える時、「そんなもの」という平山の直観は、案外、深いところで正鵠を射ているような気がする。

婚礼と葬式とのイメージの大きな落差で、このせりふは一瞬、ジョークに近い笑いをまず呼ぶ。しかし、じわじわと観客の心の内奥で、それは熟し、発酵して、やがて物悲しさをたっぷりと湛えた、しみじみとしたヒューマーのおかしみへと、豊かな深まりを見せることだろう。

そういう作品全体の文脈を考えると、部屋の主が嫁ぎ、誰もいなくなった平山家の二階の暗い部屋に、姿見の鈍い光の浮かぶラストシーンは、なぜか、「そんなもの」を象徴する、平山の心の風景だったように思われてならない。

十四　妙想と名文句

きちんと筋を通す

『戸田家の兄妹』で、昌二郎はこんなことばを口にする。「向うから話を持って来ながら、親爺が死んだからって急に断って来る様な縁談なら、まとまらない方が却っていいんだ」というのがそれだ。あてにした幸せが突如として消えてしまう、このような場合、深く嘆き悲しむか、実に現金な相手の薄情な仕打ちを恨むか、ふつうなら、まずはそんなところだろう。衝撃のさなか、こんなふうに冷静な判断を下せるのはみごとなものである。先方が、こんな場合に掌を返すような相手なら、たとい結婚までこぎつけたとしても、その先々とうてい心の通い合った温かい家庭など望むべくもない。だから、考えてみれば、その前に相手の人間性が判明し、ここで破談になってかえってよかった、というのはまさにそのとおりで、論理的にも正しいのである。『風の中の牝鶏』で、戦争が終わっても夫の修一（佐野周二）がまだ戻って来ない時期に、子供が病気になり、その入院費を稼ぐために、妻の時子はやむなく一度だけ身を売る。復員して来た修一は、やがてその事実を知って、時子をなじる。

だが、自分が売春婦に会って不孝な身の上話を聞き、頭を抱えて考え込む。夫のそんな姿を見た時子は、「すみません……あなたにこんな思いさせるなんて、みんなあたしが馬鹿だったんです」とことばをかけ、「ね、ぶって下さい。憎んで下さい。存分にあなたの気のすむようにして下さい」と言う。見ると、修一の眼に涙が浮かんでいる。思わず時子は、「あなたは泣いちゃいや……あなたが泣いちゃいやです。ね、あなたはあたしを叱って下さい。ぶって下さい。このままではあたしも苦しいんです」と迫る。

修一は時子の肩をつかんで、「おい、忘れよう。忘れてしまうんだ。ほんのあやまちだ。こんなことにこだわっていることが尚俺達を不幸にするんだ。忘れちゃうんだ……俺は忘れる。お前も忘れろ。もう二度と言うな。二度と考えるな。お互いにもっと大きな気持になるんだ」と諭し、「笑って信じ合ってやって行くんだ」と抱きしめる。

気の利いたせりふ

戦前の作品『大学よいとこ』にこんなやりとりが出てくる。「お前、俺にだけ黙って帰るつもりだったのか」と恨みをこめて言うと、相手は「そんなつもりじゃなかったんだ」と打ち消し、だが、「黙って別れた方がお互いに辛くならずにすむと思ったんだ」と続ける。精神的な打撃という点では、たしかにそのとおりなのかもしれない。水くさい感じもするが、そういう意味では、相手に対するいたわりでもある。

『晩春』に、最初の結婚に失敗したアヤが再婚に意欲を示す明るい場面がある。紀子との軽快なやりとりだ。アヤは結婚を野球に喩えて、「まだワン・ダンだ！　これからよ、ヒット打つの」と言い、「第一回は選球の失敗だもの、今度はいい球打つわよ」と意気軒昂で、何の屈託もなく笑う姿は爽やかである。「上等のタマだ」とか「そんなことで引き下がるようなタマじゃねえ」とかと、「たま」という語が「人」をさす俗語の用法もあり、「悪いタマに手を出す」という言い方はわかりやすい。また、「ヒット」という語も、「ヒット商品」「新刊がヒットする」のように野球以外にも使うから、こういう「選球」とした比喩的表現は無理がなく、ちょいと洒落た感じに響く。

『麦秋』に、銀座の喫茶店で女たちが存分におしゃべりをくりひろげるシーンがある。結婚披露宴からの帰りだけに、話題は自然に新婚旅行に及び、マリ（志賀真津子）が熱海で三日間にわたって雨に降り込められる話を持ち出すから、アヤが、「ちょいとマリ、あんた何言おうと思ってンの?」とからかうと、マリは「報告よ、ドキュメンタリー」と応じる。これは、とっさの機転で、「ドキュメンタリー」などというマスコミ用語を起用して相手の矛先をかわす、ちょっと気の利いた受け答えだと言っていい。

そのあともしばらく結婚に関する話題が続き、未婚のアヤが「幸福なんて何さ! 単なる楽しい予想じゃないの!」と喝破する。言われてみれば、たしかに世の中の結婚なんてものは、たしかにそんなものと言えなくはない。観客にそう思わせるほど、エスプリのたっぷり利いた箴言のように思われる。アヤは「競馬にいく前の晩みたいなもんよ。明日はこれとこれを買って、大穴が出たら何買おうなんてひとりワクワクしてるようなもんよ」などと解説をくりひろげる。結婚というものは、そんな競馬とはどこかちょっと違うような気もするが、考えてみると、この大胆な仮説はかなり当たっているような気もして、その気風のよさに魅了され、観客はつい笑ってしまう。

同じ作品の別の場面。謙吉が「おめでたいお話あるんですってね」と水を向けても、紀子は「そう?」と思い当たらないふりをする。謙吉は「聞きましたよ、あるんだって」と確信をもってなおも迫るが、紀子は「そう? 素敵ねえ! どこに?」と、ますますすっとぼける。このあたりの二人のやりとりは楽しい。「素敵ねえ」とひとごとのように言い、「どこに？」とはぐらかす粋な応対は、どこか垢抜けた雰囲気を漂わせ、観客の明るい微笑を誘うだろう。

こんな場面もある。専務室で佐竹は、たまたま訪ねて来た料亭「田むら」の娘アヤに、部下の紀子の縁談を話題にして、いったい紀子には結婚するような色気があるのかと問いかける。紀子はヘップバーンの写真を集めているほどだから、誰かに惚れたという経験はなさそうだと、アヤが友人としての見解を伝えると、佐竹は「少し教えてやれよ」と言う。当然、アヤは何を教えるのかと問い返す。佐竹は「いろんなこと」とぼやかすと、アヤは「いろんなことって？」と、なおも具体化を迫る。佐竹が「おとぼけでないよ」と笑いながらアヤの肩を叩く。やっと見当がついたのか、「何さ！　バカにしてるわ」と、アヤは大仰につんとしてみせる。どちらも肝腎の内容を口にせず、そのまわりをさまよっている二人のこの対話は、どこか都会的なセンスをふりまくようだ。料亭育ちのアヤだから色恋のいろはぐらいは心得ているはずだという暗黙の了解が、こういう小粋なやりとりを成り立たせているのだろう。

見合いの話に乗り気でなかった紀子は、その後、結局は、近所に住んでいて昔からよく知っている謙吉の再婚相手になる決心をする。そのへんの気持ちの問題を伝えるのに、紀子が「洋裁なんかしてて、ハサミどこかへ置いちゃって、方々探して、なくて、目の前にあるじゃないの」という喩えを持ち出すと、アヤは「うん、うちのお母さんなんかしょっちゅうよ、眼鏡かけて、眼鏡探してンの」と、その喩えにはすぐ同調するものの、まさかそれが結婚の意志と関係するとは思ってもみない。だから、紀子がそれを結びつけようと、「つまりあれね」と言っても、アヤにはその関係がたどれず、「何が?」ときょとんとした顔をしている。「あんまり近すぎて、あの人に気がつかなかったのよ」と補足されて、ようやく気づいたアヤが「じゃ、やっぱり好きだったんじゃないの!」と単純明快に処理し、本題に戻る。ここでは、しっくりとした比喩的思考がダシとなって働き、気の利いた対話を印象づける、いい味を出しているように思われる。

『彼岸花』に、夫婦が戦争中のことを振り返って話し合うシーンがある。夫の平山のほうは、「おれアあの時分が一ばん厭だった。物はないし、つまらん奴が威張ってるし」と、いい思い出が何にもないようすだが、妻の清子は「戦争は厭だったけど、時々あの時のことがふッと懐しくなることあるの」と言う。敵の飛行機が来るとみんなで防空壕に駆け込む。そんな時、「親子四人、真ッ暗な中で死ねばこのまま一緒だと思った」りすることがあったというのだ。家族の気持ちがなかなか一つにならない現状を嘆くことばとも解せるが、心理的によくわかるような気もする。

夫婦はお茶漬の味

『お茶漬の味』では、節子と岡田という若い男女の対話がおもしろい。それまで何の感情も抱いていない知らない人と会う、これまでの見合いという制度を、節子は封建的だと言って、そこに疑問を投げかける。すると岡田は、まず見て、よかったら惚れる、愛情はあとからだって湧くと主張する。節子が「フフン、簡単ねえ」と小馬鹿にしたように言うと、岡田は簡単でいいじゃないかと反論し、「あなたね、ひとりで複雑がってますけどね、大きな神様の目から見ると、どっちだっておんなじなんですよ」と、恋愛でも見合いでも結婚には大した違いはないという自説を展開する。『秋日和』のラスト近くでも、間宮に「世の中なんて、みんなが寄ってたかって複雑にしてるんだな、案外簡単なものなのにさ」と言わせているところを見ると、どちらも小津の考えを代弁しているのかもしれない。

『お茶漬の味』の終わり近くで、佐竹茂吉がお茶漬をかきこみながら、妻の妙子に「お茶漬だよ。お茶漬の味なんだ」と話しかけ、唐突で何の話かと思う妙子に、「夫婦はこのお茶漬の味なんだ」とくり返す名文句も、それを映画の題名としたほどだから、やはり小津監督のものの見方を反映しているにちがいない。それでは、お茶漬のような夫婦、二人のそういう関係とは、いったい具体的にどういうものなのだろう。それを考えるには、少し前にある妙子のせりふが参考になる。「あなた、おっしゃったわね、インティメートな、プリミティブな、遠慮や体裁のない、もっと楽な気易さ」とあるのが、その解説となるだろう。このせりふは「あなた、おっしゃったわね」という導入で始まるから、もとは茂吉の夫婦観だったことになる。そして、ひいては、小津安二郎自身が理想と考えていた夫婦の呼吸であったことを思わせるのである。

そのあと、アヤに、妙子が夫のことばだとして、「うまい嘘より下手な本当の方がいい、あとで心配がないだけだってよっぽどいいじゃないかって……」と、さも感銘を受けたという調子で聞かせる場面もある。夫婦のおのろけが始まったと思い、独身のアヤは「あぶないあぶない、あたしもう帰ろう」と早々に退散するのがおかしい。「うまい嘘より下手な本当」というこの名文句も、小津監督が日ごろから、演技しようとするなと、うまく演じようとする俳優をたしなめていた事実と符合する。

あてにならないヒューマニズム

『早春』にこんなやりとりがある。昌子の家で、昌子が紅茶をいれている間、同窓の栄が洗濯物にアイロンをかけながら、「このアイロン、具合わるいわね、グラグラして」と言い、「アイロンぐらい買いなさいよ」と買い替えを進言するが、昌子は「買えりゃ買うわよ。でも結構それで間に合うんだもの」と、暮らし向きの楽でないことをもらす。それに対する「間に合うってことは、つまンないことね」という栄の応対には、はっとする。そういえばそうだという心理的な発見が含まれているだけでなく、生活感がたっぷりとしみこんでいるからである。

杉山が、妻の昌子に隠れて、時々、通勤仲間の一人である千代と二人だけで逢うようになってから、支那料理屋でこんな会話が交わされる。仲間の連中が二人の仲を妬いていると千代が訴えても、杉山は「いいじゃないか、妬かしとけよ」と、取り合わない。千代が「だって、つまんないじゃない、何でもないんだもん」と不満そうな顔をするので、杉山は「なんでもあったら大変だよ」と言う。その後、二人は遠浅の海の見える宿で「なんでもある」ことになって朝を迎えるだけに、それに先立つこのやりとりは印象に残る。

こういう例外もあるにせよ、「なんでもない」通勤仲間たちが、一人の部屋に寄り集まってくりひろげる雑談や罪のないやりとりには、そんな翳もなくすこぶる明朗で、観客には楽しい。あるときは生まれ故郷の話になり、名古屋はどこだと聞かれ、中村だと答えると、豊臣秀吉の生まれたところかと、うれしいことを言われる。ところが、喜んで、そうだと自慢げに答えると、先方はすかさず、「いろんな奴の生れるとこだな、ピンからキリまで」と来る。その流れで、「お前、どこだい」と聞かれ、「おれア土佐だ」と答え、先手を打って「坂本龍馬の生れたとこだ」と自分で言い添えると、今度は「そうか、土佐か。龍馬も生れりゃ、頓馬も生れるな」と、とんだ脚韻を踏んだ合いの手が返ってくる。さながら漫才の掛け合いのテンポである。

遅蒔きながら、この連中が、とかく噂のある千代を呼び出し、うどんをすすりながら杉山との関係を問いただす場面がある。洋服を汚しても買ってくれる人がいるだろうとか、さしずめスギ（杉山）あたりがそうしそうな気がするとか、やんわりと迫るのだが、千代はそんな噂の出る心あたりがないと、あくまで突っぱね、「あんたたち一体、あたしに何がいいたいの？　何の為にあたしを此処に呼んだの？」といきり立ち、「ウドン食わしてやりてえと思ったのさ」という粋な応答も効果がない。「なんの証拠があって、あたしにそんなことを言うのよ」と、あくまでしらを切る千代に手を焼き、二人がいっしょに居るところをよく見かけるといった状況証拠を差し出すものの、それだけでは弱く、千代は「小姑の腐ったみたいに、何さ！　あたし、誰とだって歩くわよ！　あんたとだって、あんたとだって。だからって、そんなこと一々変な目で見ないでよ！」と、啖呵を切るように言い捨てて出て行ってしまう。

猛々しい物言いにすっかり気おされ、部屋に残された男たちは、それでも口ぐちに、「イヤア、一ぺん言ってやった方がいいんだよ、人道上な、ヒューマニズムだよ」「おれたちアな、倫理的に清潔でなきゃいけねえよ」「でも、そうは聞えなかったぞ。言ってることは偉そうだったけど」などと言いながら、反省会を開く。

そうして、この気の好いばかりで、何とも頼りないヒューマニストたちは、確たる証拠のないまま、勘だけで勝手に既成事実としてしまい、話はいつか、「ちょいと羨ましいよなあ」「お前たちのヒューマニズムも、あんまりアテになんねえよ」「でも、うめえことしやがったよな、スギ」という奇妙な方向に発展し、「ヒューマニズムってものはな、そんな時羨ましがっちゃいけねえもんなんだ」とたしなめ、ついには「窮屈なもんなんだ」という不思議な結論に落ち着く。不倫の事実を映像をとおしてすでに確認している観客は、しらばっくれて居丈高にどなりちらす千代の見幕に圧倒され、対照的に曲がりなりにも正論を吐く若者たちのまどろっこしい情けなさに、力なく笑いくずれる。

一方、会社の同僚の見舞いに行くと称して千代と一夜を過ごした杉山が、別の日に今度はほんとに病人を見舞って帰宅し、そう告げると、昌子は「ちょいちょい行くわね」と皮肉を言うので、「行ったっていいじゃないか」とむきになる。病人を何度も見舞って悪い道理はないから、これはもっともな言い分だが、昌子に「よく泊まって来なかったわね」と追撃され、返すことばに窮する。病気見舞いで泊まって来るのは尋常ではないが、前にそう嘘をついた夜に家を空けた弱みがあるから、あとが続かない。

そこへ、あいにくというか、お誂え向きにというか、渦中の千代が訪ねて来て、杉山を外に呼び出す。卑怯だとなじる千代と押し問答をくり返し、ようやく戻って来た杉山に、昌子は当然、何の用件だったかと聞く。説明するわけにいかず、「なんでもないんだ」とごまかす杉山に、昌子は「なんでもないにしちゃ、長かったわね」と論理的に責め、「なんでもない話だったら、どうしてこんなとこに紅つくの、こないだ泊ってきた晩だってそうじゃないの」と物的証拠を突きつけて決定打とする。

矛盾の総和が人生

『彼岸花』の平山は、「結婚は黄金《きん》だと思ったら真鍮だったって話もあるじゃないか」と言って、京都の知り合いの娘幸子に、「何も無理に結婚なんかするこたないやね」と、理解のあるところを示し、「年頃の娘がみんなお嫁に行っちゃっちゃ、世の中さびしくなるよ」と妙な論理で自説を補強する。ところが、後日、その幸子に結婚するように勧め、幸子が真鍮の一件を持ち出すと、今度は「その真鍮を黄金にするんだよ。それが本当の夫婦なんだ」という言い方に一変し、幸子に「小父さまのお話、あんまり飛躍して、うち、まごつきますわ」とあきれられる始末だ。

よその娘には理解のあるその平山も、自分の娘の結婚となると、まるで言うことが違う。妻の清子から、「おっしゃること矛盾だらけじゃないの」と言われ、「それア親としての愛情なんだ。それをお前、矛盾だっていうのか」と反論してみるものの、「そうよ。矛盾よ。もし愛情だったらおれには責任がないなんておっしゃれない筈よ。矛盾してるじゃありませんか」と清子に理詰めで押し込まれ、やむなく「そんな矛盾なら誰にだってある」と不当に一般化して逃れるほかはない。

そして、それを補強すべく、「人生は矛盾だらけなんだ。誰だってそうなんだ。だから矛盾の総和が人生だって言った学者だってある」と、自分に都合のよい権威の意見を引いて、なんとか逃げおおせる。この「矛盾の総和が人生」という大胆な見方は、実人生を振り返るとき、誰も否定できない箴言のように重く響く。

その平山、長女の節子の結婚式にいやいや顔を出すが、不機嫌な顔をしたまま通す。父が最後まで一度も笑顔を見せなかったのが心残りだと節子が言っていたと、娘の幸子から聞いた京都の知合い佐々木初は、「見せておくれやす、笑い顔――。わけないこッちゃ。ニコッと笑うたげたら、それでよろしいんや。どうどす、今から」と発案する。幸子も「そらええ。……今までのお母ちゃんの考えのなかで一ばんええわ。大出来やお母ちゃん」と大賛成し、初は勝手に「そう決めた」と言い、平山が「そうはいかないよ。会社があるよ」と抵抗を試みるも、「会社なんかよろし」と、そのまま平山を娘夫婦の住む広島へ強引に送り出す。

物事を簡単に考えてすぐ行動に移す初の単純明快なやり方は、理屈っぽい平山と好対照をなして、つい笑ってしまう。前に初が会社を訪ねて気持ちよく得意のおしゃべりを続けている途中で、平山はトイレに立つが、初が「うちも行っとこかしらん」と腰を上げかけるのを、「君アまアいいよ」と勝手に判断する強引さを持ち合わせているだけに、初のやり口ばかり責めるわけにもいかないのだろう。いや、というよりも、平山自身、このままでは心にひっかかるものがあり、誘いに乗ったように体面を保ちながら、その解消に向けて行動を起こしたと考えるほうが自然なのかもしれない。

『お早よう』に、親から「余計なこと言うな」と釘を刺された子供が、「大人だって言うじゃないか」とオハヨウ、コンバンハ、イイオテンキデスネ……と無駄なことばの例を列挙するところがある。その話を伝え聞いた平一郎が、「それ言わなかったら、世の中、味も素ッ気もなくなっちゃうんじゃないですか」と言い、「その無駄が世の中の潤滑油になってンだよ」と解説する。どちらも日ごろの小津の考えを代弁しているように思われるのだ。

その平一郎とこの作品の節子とが、互いに好き合っていながら、駅のホームで交わすことばは、前にも記したように、「いいお天気ですねえ」「ほんと。いいお天気」、雲が面白い形、この分じゃお天気が続きそう、と相手の文句をなぞるだけで、それ以上、一向に発展しそうにない。喜劇的なこのラストシーンが観客にある種の感動を与えるのは、絶妙の無駄こそ世の中の潤滑油であるとした格言じみたことばが先行するからだろう。これもまた、小津マジックの一例なのである。

『秋日和』の初めの方に、アヤ子に亡父の友人たちが、どういうタイプの男性が好みかと尋ねる場面がある。田口が「たとえば僕みたいなのどお？」と誘導すると、アヤ子は無邪気に「好きです」と答える。横で間宮が「じゃ僕は？」と聞くと、これもすぐ「小父さんも好き」という返事が返ってくる。次いで平山が「僕、どお？」と水を向けると、アヤ子は「小父さまも……」と即答する。三人三様でそれぞれタイプが違うから、これではどんな男が好きなのかさっぱり見当がつかない。だが、細かく見ると、このやりとりのうち、平山に対するアヤ子の回答が「小父さまも」で終わっていて、「好き」ということばが入っていない点に注目し、「モだけか。お前落第だよ」と言語的に分析する間宮の判断は笑わせる。

綺麗な夜明けじゃった

観客の心にしみるせりふとなれば、やはり『東京物語』をあげないわけにはいかない。とみが、戦死したらしくいつまでも帰って来ない次男をひたすら待っているように見える嫁の紀子に、ずっと苦労のさせどおしですまないと、ねぎらいのことばをかけると、紀子は「いいの、お母さま、あたし勝手にこうしてますの」と、「勝手に」を強調して答える。そこで、とみが「今はそうでも、だんだん年でもとってくると、やっぱり一人じゃ淋しいけーのう」と、重ねて配慮を見せると、今度は「いいんです、あたし年取らないことにきめてますから」と言って、紀子は微笑する。できれば、誰だってそうきめたいが、生きものであるかぎり今にとどまることはできない。だから、紀子は論理的にはめちゃくちゃなことを口走っていることになる。紀子のどちらのせりふも、相手に突っかかるような調子で、形式的にはつっけんどんに見えるが、相手に気兼ねさせまいとする一心で、そんな理屈にならないことばを必死に言ってみせているのだ。意味内容ではなく、そういう気持ちが通じればこそ、とみはすっかり感動し、「ええ人じゃのう……あんたア……」と涙ぐむのである。

その老妻とみが病没したあと、いつか家の中から周吉の姿が消えている。それに気がつき、紀子が心配して探しに出る。そして、海を見下ろす崖の上の空地に佇んでいる後ろ姿を発見して、「お父さま」と声をかけると、紀子の声に気づいて振り向き、周吉はぽつんと、「ああ、綺麗な夜明けじゃった」と言う。胸が詰まって視線を落とす紀子に、「今日も暑うなるぞ」とひとりごとのようにつぶやき、周吉は家に引き返す。あの有名な場面である。

周吉のどちらのことばも、そこだけ取り上げれば、実感をとおして自身の本音を語ったものであるにすぎない。だが、老後に妻を喪い、悲嘆に暮れていたはずの周吉の口から飛び出した点に注目したい。つまり、このような状況なら当然出てきそうな嘆きや悲しみのことばに代わってそれらが発せられたという重い事実を見逃すわけにはいかないのだ。立ち上がれないほどに打ちひしがれていたにちがいない父が、そんな今、朝日の昇る美しさに心を奪われ、堪えがたい暑さを予感してほほえむ。それは、孤独に耐えて気丈に生きてゆく姿であり、気づかってくれる家族へのいたわりの声でもあったように思われる。

葬儀の日、三男の敬三が中座してぼんやり考えている。紀子が心配して声をかけると、敬三は「どうも木魚の音、いかんですわ」と言い、「なんや知らん、お母さんが、ポコポコ小《ち》ッそうなっていきよる」と続けて、「僕、孝行せなんだでなア」「いま死なれたらかなわんね」とつぶやく、そんな場面もある。

そして、その数日後、ひとり縁先に坐り、背中をまるくして周吉は、遠い海をぼんやりと眺めている。ずうっとその脇にあった妻の姿はもうない。妻の不在を映す画面のその空白部分が喪失感を誘い痛々しい。

隣の家の主婦が通りかかり、「皆さんお帰りになって、お寂しうなりましたなア」と、窓越しに声をかける。周吉はひとこと「いやア」と応じる。「ほんとに急なこってしたなア」という細君のことばに誘われて、「いやア……気のきかん奴でしたが、こんなことなら、生きとるうちにもっと優しうしといてやりゃよかったと思いますよ」と、周吉は思わず、心のうちを一瞬のぞかせる。こんな時にどう応じるべきか、相手が返すことばに困っていると、周吉は「一人になると急に日が永うなりますわい」と、ぽつり。

笠智衆があの独特の調子でつぶやく、この一言は、たくまずして心の伝わる日本人らしい表現の絶品と言えるかもしれない。こういうラストシーンに象徴される不器用な寡黙の感情表現を、現代の多くの男性が失ったように思えてならない。ポンポン蒸汽の音が夢のように遠くなってゆく瀬戸内海の七月の午後の映像が消えたあとも、観客の耳の中に響きつづけるせりふである。

『秋日和』（1960年・写真提供　松竹）

十五　逸話の語る小津安二郎

蚤が可愛い

戦地からの手紙や『陣中日誌』を含む日記類を見ると、戦時下での状況や小津自身の生活が、ある程度は見当がつく。酒は「呑み度くても無い場合が多」く、「煙草があって煙草が吸えること」が「素晴しいことの一つ」であったことがわかる。前線の兵隊はマッチが切れると、「弾から火薬をぬいて紙に展《ひろ》げ、懐中電気のコンデンサアでこれに火を点ずる」のだという。兵隊という奴はいつも腹をすかせ、暇さえあれば食い物のことを考えている。「胃袋が銃を持ち、巻脚絆をまき、鉄兜を被っている。胃袋が突撃し、胃袋が戦死する」といった過激な記述も出てくる。

自分自身でも、ある日の日記に、ワッフル、どら焼き、鶯餅、チーズ、お多福豆の甘納豆など、食べ物の名をずらりと並べ、「春うらら　凡《およ》そ喰ひたきものバかり」という句を添えている。行進の道すがら、「喰い度いものを一つのこらず書きとどめておいて東京に帰ったら悉《ことごと》く平げてやる」と思っては、仮にそれを全部出されたら何をいくつ食うかといった「他愛もない空想で、足の痛いのや肩の重いのを」まぎらしながら歩き続けたらしい。食品の有り余る今では、落語じみて感じられ、ぴんと来ないだろう。だが、この国にそういう現実が存在したという証人はまだまだ残っている。

こんなことまで書き記している。「自分でやることハ顔を洗って、小便を出すことだけ」で、その「小便ハゆっくりすることにきめている」から、大きな桑の木の根元に「長々と小用を足して」寝る。「たっぷりうんこをすること、新しい褌《ふんどし》をすること、風呂に入ること、これ以上の贅沢は兵隊にはなさそうだ」という記述も見える。

暇にまかせて観察しているうちに思わぬ発見をすることもある。「人間の尻の穴ハ丸いものだとバかり思っていた」が、野糞を見て、実はそうではないことを知る。丸いのはむしろ少数派で、四角なのや、「三枚羽根のコンプール・シャッターから絞り出した様な三角」のものなど、実際には種々雑多だという。形だけではなく、「赤いのや虎斑のや」青いのまで色もとりどりであることまで、念入りに報告してある。雪の結晶の研究で名高い中谷宇吉郎は「雪は空からの手紙」という美しいことばを残したが、健康診断の検便などの際には「糞は体からの便り」などとよけいなことを思わないでもない。が、小津は「糞尿譚の作家火野葦平にして 糞と兵隊と云うのハどうか」という方向に話を運ぶ。内容は『糞尿譚』からの連想、提案している題名は『麦と兵隊』をもじったものだろう。

『陣中日誌』の昭和十四年四月三日の分には、小休止になって「腰をおろして休むと背中で蚤がうごくのがわかる」という箇所もある。こいつも連れて行くと書いたあと、歩きながら考えたことを記している。「僕が戦死をする。段々からだが冷くなる。蚤がこれハおかしいと思う、周章《あわ》てて飛び出して他の者に移る」と、自分の死後を想像してみる。そこで現実に戻り、「ことによるとこの蚤も誰か戦死者から僕に移住して来たのかも知れぬ」と考える。そう思うと、なんだかその蚤がちょっと「可愛くもなった」という。その気持ちはよくわかり、しみじみとおかしい。明後日いよいよ出発ときまり、何か書き残しておきたいとも思うが、「別に云うことハない。これハ多分死なないと思っているからかも知れぬ。だが死ぬと決まっていても云う事ハとり分け別にない」と記した箇所もある。

昭和十四年二月二十三日の『陣中日誌』に「喰いたいもの」「読みたいもの」「のみたいもの」という項目があって、それぞれに該当するものやことが列挙してある。それらと並んで最後に、「やりたいこと」という項目がある。そこには、ゴルフ、「温泉に行って一風呂浴びてから按摩」、朝寝、昼寝、夜ふかし、仕事と来て、おしまいに「親孝行」とあり、「ただし生きて帰れバやらぬかも知れん」と註釈がついている。そういう状況下だから殊勝な気持ちになりやすいのであり、状況が変われば気持ちも変わるかもしれないというのだろう。誰しもそういうことはあるが、そこまで正直に書くのはさすがだ。いかにも人間的でおかしい。

傑作の生まれる酒量

北鎌倉の円覚寺にある小津安二郎の墓は黒御影の石に「無」と彫られ、その前にはたいてい日本酒が供えられているらしく、生前こよなく酒を愛したことはよく知られている。藤枝静男の招待を受けた志賀直哉は、白樺派の後輩にあたる里見弴とこの小津を伴って浜松に向かった。尊敬する文豪たちとのこの三人旅は、小津にとってさぞかし晴れがましい気分だったことだろう。蒲郡のホテルに泊まった翌朝、君は朝から酒を飲むんだろうと言って、志賀は自分でビールを持って来て、小津のコップに注ごうとしたらしい。その瞬間の小津の恐縮ぶりをぜひ見せたかったと、のちに里見は語ったという。

『風の中の牝鶏』が志賀の『暗夜行路』の一部を下敷きにした作品だったという直接の関係よりも、この作家の作品を読んで感銘を受け、志賀先生ひとりに観てもらうために映画をつくろうと本気で考えたほど、小津にとって志賀は頭の上がらない絶対的な存在だった。それだけに、思いがけずその大先生に酌をしてもらうことになったその場の光景は、なんだか目に見えるようで、想像してみただけでもおかしい。

もう一人の里見は、小津にとって頼りになる兄貴という存在だったようで、里見の息子の山内静夫の証言によれば、小津が鎌倉に住むようになってからは、週に二日ぐらいやって来て飲食を共にするほどの仲だったという。

小津がいつか映画関係者にカレー粉を入れたすき焼きをふるまって俳優たちを驚かせたという有名な話が残っている。監督の調理だから、一同、まずいと言えず、曖昧な表情を浮かべているなか、何も知らない池部良が、誰だ、すき焼きにカレー粉なんか入れた奴は、と大きな声を出したという。おそらくそれに答える人間は誰もいなかったのだろう。『早春』以降、小津映画に池部の出演が実現しなかったが、むろんこの一件とは無関係なのにちがいない。ともかくそんな料理好きの小津は、里見とてんぷらを揚げる催しを試みたこともあったらしい。その味たるや、のちのちの語りぐさとなるほどのまずさだったというから、おかしくもほほえましい。

そんなふうに、小津にとっての里見は何でも相談できる親しい大先輩といった関係で、脚本ができあがると小津はよく、特に会話について里見の意見を仰いだようだ。事実、里見が色えんぴつで手を入れたシナリオが残っているという。広津和郎の小説を原作とした映画『晩春』の場合でさえ、原作料の半分ぐらいもらってもいいと里見が思ったほどだから、会話はもちろん、細かい点や人物の背景などにまで、里見の意見をいろいろ採り入れたのだろう。完成したあとも、笠智衆が娘の結婚式から帰宅し、座敷へ入ろうとして、昨日まで娘のいた二階の部屋をふと見上げるしぐさがあってもよかったと、ラストシーンについての感想を述べたらしい。最後となった小津作品『秋刀魚の味』は、同じように娘を嫁に出して孤独をかみしめる父親の姿で終わる。昨夜とは違って暗い二階の廊下が映り、同じく暗い娘の部屋に姿見の鈍い光が浮かんでいる画面で終わる。父親の心を象徴する風景だ。『晩春』のフィナーレに関して里見のもらした感想を覚えていて、小津が最終作でそれを活かしたものという。『彼岸花』と『秋日和』は、ともに原作里見弴となっていて、事実、里見に同題の小説がある。だが、実際の経緯はこうだったらしい。里見と小津と野田の三人が集まって大筋の打ち合わせをする。それをもとに里見は小説を書いて発表し、映画組はその作品にとらわれず別にシナリオを書いて制作したものだという。

『晩春』から『東京物語』までは、脚本の共同執筆者である野田高梧と、茅ヶ崎館という松竹の定宿に泊まりこんで、シナリオに取り組んだと言われている。二人とも大の酒好きだから、執筆の合間に盛んに酌み交わしたらしい。あるいは、真剣な酒宴の合間に筋書きや人物像などの話題を楽しんだのかもしれないが、一升瓶を四十三本空けたところで『東京物語』が書き上がったという。客があったりすると空き瓶が百本近くも並んで、見るからに壮観だったことだろう。酒量と傑作との密接な関係を見抜いた小津は、その瓶に番号を振っておき、まだ八十本か、これじゃ完成しないわけだ、と笑ったらしい。むろん、冗談だが、空き瓶の数は、二人の話し合った時間をも伝えているのかもしれない。

その後、『早春』以降の脚本は、蓼科にある野田の別荘で書き上げたというが、おそらく仕事ぶりは似たような調子だったことだろう。その山荘の名は「雲呼荘」。標高の高い土地だから、雲を呼ぶ「呼雲荘」と早とちりしやすいが、雲を呼ぶという意味の漢語の語順ではなく、雲が呼ぶという意味の日本語的な語順にこだわったのは、それを音読みした際の音の響きからの連想を楽しむ趣向が働いてのことだったと思われる。

場所は変わっても、二人の間には茅ヶ崎館と同じような時間が流れていたことだろう。そういう趣向だけでなく、このコンビはたがいに頭に描くイメージが近く、考えるせりふの好みも似通い、その語尾まで考えがよく合っていたという。それでも時に意見の違いが生まれると、どちらも頑固者で妥協しないから、仕事は当然中断する。何日もたがいに口を利かないこともあったと野田は回想する。そんな間でも、白樺の葉が散ったとか、谷間で水鶏《くいな》が鳴いたとか、シナリオに無関係な季節の挨拶は交わしたというから、なにか微笑ましい風景だ。頸部に腫れ物ができて、診察を受けるために上京した小津は、その晩、学会で医者が留守だと、酒場から酔っぱらった声で蓼科に電話をかけてよこしたという。

酒にまつわるエピソードは、まだまだ絶えない。小津は撮影中、昼食をとらずに、黒ビールに生卵を落として飲むだけだったという、司葉子の証言がある。いくら色が黒いといっても真っ昼間からビールを飲んでいることには変わりがなく、いかにも小津らしい。むろん、仕事中ではないが、司はそれを粋がって真似をし、生卵入りの黒ビールを時々試したという。撮影が終わってからも小津は、赤坂あたりで飲んでいるその店から電話をかけ、今からいらっしゃいと誘って、司が返事をする前にウフフと笑いながらガシャンと切ってしまう。これでは、行かないわけにはいかないと、インタビューに答えて司は、いかにもありそうな小津の一面を、懐かしそうに語っている。俳優としてより酒の相手として気に入られていたと謙遜する渡辺文雄の話によれば、小津は飲むとなると明け方までという徹底したタイプだから、それに付き合うほうは大変だ。午前二時頃、酔いつぶれている小津を置いてそっと抜け出し、翌日に大船の撮影所で顔を合わせたら、小津に、昨日は午前二時十五分に帰ったな、と正確な時刻を言われ、これには渡辺もまいったそうだ。

小津はそれを咎めているのではなく、こんなふうに人をからかうのが格別好きだったようである。ある時は、渡辺が仕事で京都へ行く話をしたら、今時分あそこの竹の子がうまいんだよなあと言う。これでは買わないわけにいかないと、高いのを買って送ったら、あいにく当人が蓼科に出かけていて、留守宅に届いたらしい。すると、それからしばらくして、小津から「タケツイタ」という電報が舞い込んだそうだ。むろん、転送している間に時間が経ちすぎて、竹の子が竹に育ちあがったという意味である。いくら小津でも、これでは歯が立たない。その渡辺が新婚当時、野犬収容所の隣なので毎晩うるさくてまいるというような愚痴を言ったら、すかさず小津に、君は隣に入った方がぴったりだと評されたともいう。

親しい仲間だと認めた相手には、こんな調子でずけずけものを言う小津は、ある時、ちらりと某監督の姿を見かけ、脇にいた渡辺に、お前から、「商売替えた方がいい」って言ってやれと、例の毒舌を吐いたらしい。すると、小津が立ち去ったあとに、何か聞こえていたのか、その噂の監督が近づいて来て、「小津さん何て言ってたの？」と、興味深げに尋ねる。あれには往生したと、渡辺は往時を振り返る。

ヒットしない映画の誇り

三上真一郎も、俳優としては買われていないのに、酒だけはたっぷりご馳走になったと、へりくだる。ある時は、撮影中に、おい、足の裏が汚いなあ、と言って、小津がみずからタオルで三上の足を拭き始めたのには恐縮したという。その撮影が終了してから、お前は木下（恵介監督）が嫌いかと聞かれ、大嫌いですと当時の本音をもらすと、小津はすかさず、そう力むな、あっちだってお前を好いちゃいない、と言ったらしい。そんなことを聞く方も聞く方だが、あるいは人物を試したのかもしれない。もしもその時、「いや、別に」などとことばを濁していたら、俳優としてもう小津映画に声がかからなかったかもしれないと、三上は振り返る。小津という人間の好みがわかるような気がする。要は、人としての信頼なのだろう。

小津監督の撮影現場の雰囲気を想像させるエピソードも残っている。小津映画の初期からよく子役として出ていて、『突貫小僧』の主演をしてからそれを芸名とした青木富夫は、やはり子役を務めていた弟の芸名を小津に頼んだら、みんなにブーちゃん、ブーちゃんと言われているからと、青木放屁と命名されたと笑う。たしかに「ヘー助」や「ヒリ平」や「ナラ雄」などに比べれば漢語の品格は感じられる。

こんなふうにおどけてみせる小津は、現場でも冗談をとばしたようである。スタジオが暑すぎると、これじゃ映画じゃなくて納豆をつくるところだとぼやいてみせる。そんな部屋で、名優たちに向かって「君たちいいよな大根で」と言ったこともあるらしい。演技の下手な「大根役者」ということばは有名だから、ふつうなら腕に覚えのある俳優たちはむっとするはずだが、相手は一筋縄でいかない小津、みんな固唾を呑んで次のことばを待つと、「芋ならとうにふけている」と続く。それによって「大根」が褒め言葉に変身するわけではないが、「大根」呼ばわりされた狙いがわかり、その場に笑いがはじける。

夜働くのは泥棒だけだと言って、夕方の五時には撮影を終了し、教会へ行くなどと、ありそうもない理由を掲げて、日曜日には仕事場に顔を出さないなど、特に戦後は、奔放なまでに悠々と仕事をこなしたようだ。松竹とは年に一本撮るという約束だったのが、社長から年に二本の契約をしようと持ちかけられた折、毎年二本は無理だと断ると、社長は撮れても撮れなくても二本分の金を払うからと迫る。そこで小津が、撮らなくてもいいのなら、いっそ三本契約にしようと言い出し、笑い話になったという。

いい時代だったかもしれない。

小津映画が評論家に高い評価を得るようになっても、なかなか観客の数が思うように増えない時期があったようだ。小津映画は興行的に当たらないという定評を気にした社長が、専門家の受けはいいのにどうして客が来ないのだろうねと、暗に文学的だが映画的でないというニュアンスをこめて言ったら、小津は、じゃ、監督やめて守衛でもやりましょう、ちょうど髭ものびてきたから、と応じたとも伝えられる。純文学の志賀直哉に心酔し、志賀ひとりに観てもらうためにでも作品を制作する気でいる小津にとって、多くの観客を動員できるのは作品の芸術性ではなく、映画がもっている娯楽性だと考える商業主義の映画製作は基本的に意に沿わなかったにちがいない。

吉田喜重の『小津安二郎論再考』にこんな逸話が紹介されている。鎌倉の料亭で映画監督の新年会が開かれた折、小津と吉田は黙って酒を注ぎ合うだけで、ことばを交わすことなく、宴会がお通夜のような雰囲気になったという。吉田がある雑誌で小津映画『小早川家の秋』にふれて、若い世代におもねるようなシーンが見られるが、「小津さんにふさわしい映画を撮ってほしい」と語ったせいだと、吉田にはわかっていたという。酔いがまわってから小津はさりげなく一言、「しょせん映画監督は、橋の下で菰をかぶり、客を引く女郎だよ」と言い、あとはひたすら酒を酌み交わすだけだったらしい。つまり、客の入りをよくするために、卑しい真似をせざるをえないこともある、そんな意味をこめた小津一流の喩えだったのだろう。

そういう映画商売に嫌気がさし、むしろヒットしないことをひそかに誇りにしていた小津は、自作がある程度当たりだしてからも、そのうちまたきっと、客の来ない映画をつくってみせると、やはり独特の言い方で自分の信念を語ったと伝えられる。それだけに、吉田の指摘は応えた。そんなことはわかりきっている小津だからこそ、そのことばはみずからもっとも気にしている核心にふれ、ひたすら酌み交わすほかはなかったのだろう。

シャイな日本語

里見弴は『はにかみや』と題して小津について語っている。里見家で一杯やりだすと、「床柱に寄りかかりながら」「何時になろうときりがない」。誰が言い出したか、「里見邸トン（弴）と動かぬ安二郎」という川柳まがいのことばまで飛び出すほどだったらしい。若い連中が気を遣ってなんとか帰らせようとするが、そうすればするほど、小津はなお帰らなくなる。ほんとの気持ちを素直に外に出さないという点では、「はにかみや」と「つむじまがり」は共通するから、扱いにはコツがあって、「さあ今日はここで泊まりましょうね」と言うと、小津は逆に「帰るよ、帰る」とさっさと立ち上がるのだそうだ。

同じく里見の『芸の虫』と題する短章に、小津は「私の家に来て、よく酔っぱらって踊りなどを踊ったが、頭からスカーフみたいなものをかぶって、顔が半分くらいしか見えないようにしてからでないと立ちあがらないほどのはにかみやだった」と記している。里見は弔辞でも、この踊りとも言えない小津の隠し芸について、「大きな図体でしゃなりしゃなりそこらを歩き廻るだけ」とくりかえしふれている。芸事が下手だという主旨ではなく、こんなに照れていたのでは俳優はとても務まらない、監督でよかったということなのだろう。そして、弔辞の人物論を、「一干支《ひとまわり》も年齢《とし》の違う私まで置き去りにして、おまけに、われわれに伝えられて来た道化の精神を忘れさせて、さっさと母上のおそばに行って了うとは、ひどい人だ」と、親しみをこめた痛恨の悪態で締めくくっている。

今日出海も、小津の一回忌のスピーチでこんな旧悪を披露している。佐田（啓二）の結婚式の夜、小津がベロベロに酔っぱらい、本来ならもう新婚旅行に行っていたはずの新郎新婦に酌をさせ、「まあ、いいじゃねえか」といつまでも引き留めているというていたらくで、「独身の半端ものを仲人にするとこんな残酷」な結果になると、ことばはきついが、あの厄介者を懐かしむ風情を見せる。

ついでに、自分のこうむった被害状況の報告に入る。酔った小津を介抱して宿屋で隣に寝たその翌日、小津は懐中時計が紛失していることに気づく。宿のおかみの嫌疑が晴れると、あと疑われるのは自分だけと今日出海は言う。その数ヶ月後、ようやく「おい、今ちゃん、もう時計の話は俺しないよ。あきらめた」と言われ、ほっとしたとたん、「あれは大事にしてたものだから、君も大事にして使ってくれよ」と、とうとう既成事実にされてしまったという。

そんな奴だが、フランスから帰国すると、小津が悪いと聞き、早速病院に見舞いに駆けつけると、小津は廻らぬ舌で、こんなことを言ったそうだ。「おめえと会えなくてよかったよ。会えばおめえ、俺がいくら病気でもきっと飲ますにちげえねえ、おめえ常識がねえから」。この奇妙な旧友回顧のスピーチは、「死ぬ前にこんなことを言う大変しぶとい男で、私は、彼が死んだというけれども、まだ怪しんでるんです」と続く。そうして、「好きだった女のことを罪ほろぼしに一ぺん書いてみねえか」と奨めたら小津は「ちょいと書いておきたいなあ」と言いながら、ついに書かずじまいだったので、「いずれ私が彼に代って、嘘八百書くだろうと思います」と結ばれる。何とも粋なスピーチである。

無類の照れ屋という点では、こんなエピソードも残っている。戦前の小津映画にしばしば出演した井上雪子と伊達里子が、ある時期、二人で一つの部屋を借りて住んでいたらしい。どちらも若き日の小津が気に入っていた女優だそうだ。そのすぐ近くに住んでいて、二人と親しくしていた脚本家伏見晁の夫人の記憶によれば、夕方ぶらりとやって来た小津に、「あら、うち、いませんよ」と言ったら、「今日はちょっとほかの用で」と言う。そこで、「じゃ、伊達さん?」と聞くと、小津は照れて「どっちでもいいんだけど呼んで」という言い方をした。電話をかけると、伊達は留守で井上がいたので、夫人が「どうする?」と小津に聞いたら、「じゃ、井上さんでいい」という返事だったという。こんなふうに本音を口に出さない、一見投げやりにも見える言動は、なんとも、じれったい。

斎藤寅次郎は『助手仲間』という一文に、「恋が実らなかった原因は小津にある」と書き、「純情過ぎたのか、それとも、好きなのに嫌いな風を装ってやせ我慢をしてたのか」と、その原因を推測しているが、心のうちをさらけ出すのを照れていたのだろう。

野田高梧は『交友四十年』と題する一文で、小津のこんな面を伝えている。小津は東京深川の生まれだが、十歳の時に小津家が先祖代々続く三重県松阪の地に移り住み、二十歳で深川に戻るまで、その地にあった。昔の武家屋敷などを見学した折、野田が松阪ロケはどうだと水を向けると、小津も「一度ここへロケしてやろうと思うんですがね」と乗り気になりながら、「どうも腕白時代の僕を知ってる人がまだまだいるんでね、恥かしくて」と言ったそうだ。もともと小津は、松の木と看板とトタン屋根が厭でロケを好まないと自分で言っていたそうだ。天候や環境の制約を嫌ったという面もあるだろう。シャイな小津は、大勢の見物客の前で俳優たちに何度も注文をつけるのが照れくさかったのではないかと見る人もある。

野田はさらに母親の扱いにふれて、こんなふうな「テレ屋だったから、僕等の前ではわざとお母さんをぞんざいに扱っているような顔をして」、ことさら「ばばアは僕が飼育してるんですよ」などと乱暴な言い方をすることを見抜いている。そのくせ、「銀座へ出ると、殆ど必ずと言ってもいいほど小津君はお母さんに手土産を買って帰った」という。野田が小津の留守に鎌倉の家を訪ねた折、母親が出て来て、「折角来ていただいたのに、今日もまたあいにく安二郎の家内が留守でござんしてね」と言うのには面くらったという。野田は、「そんな冗談がすらすら出てくるお母さん」として、その人柄を語っている。小津は生涯独身を通したから、あるいは、母親として一度はそんなことばを言ってみたかったのかもしれない。

この母親と安二郎との仲については、井上和男が『アキレスのことなど』という文章で、こんな日常を紹介している。鎌倉の小津家に年始に行った際、小津は酔うほどに「ばばあ」を連発し、「俺がこのばばあの胎内から泳いで出て来た時には」と、当の母堂の前で平泳ぎのまねをしたり、「胎児時代の記憶による胎内見聞記」などと称して、自分が生まれて出てくるようすを、身ぶり手ぶりを交えてユーモラスに話したらしい。母堂は「泰然として」それをにこにこしながら聞いていたという。八十代と五十代の親子がこんなふうに「無邪気に笑い興じる睦まじい姿を見ているうちに」、「ほのぼのと、人の心に触れたような気がした」と、井上は記している。

安二郎の妹ときの長男にあたる長井秀行がインタビューを受けて、小津の母親あさゑのことをこう述べている。あいにく尻の大きさについては特に言及がないが、明治の人にしては大柄で、ちょっと東山千栄子のようなイメージもあったらしい。しつけが厳しく、食事の時に肘を張って食べると、蟹じゃないんだからと叱られる。小津は結婚をせず、そんな母と二人、鎌倉の家に住んでいた。

小津は仕事で出かけることが多く、母堂が一人でさぞや退屈しているだろうと気遣った女優の飯田蝶子が、当時はまだ珍しかったテレビを買ってプレゼントしたところ、小津から電話がかかって来た。てっきりそのお礼かと思ったら、先方は思いもかけず、「お蝶さん、だめじゃないか、あんなもの贈ってくれて」と突っかかってきて、「あのばばあ、テレビの前に坐ったきりで、ちっとも俺の世話をしなくなった」と苦情を述べ立てる。こんなふうに文字に写せば抗議を申し込んでいることになるが、耳に聞こえてくるのは小津の涙声だったらしい。それで、お蝶さん、実はオッ（小津）ちゃんが心の中で感謝していることを察した。昔はそんな不器用な人が、たしかにいたような気がする。

大仰な感謝、丁重すぎる謝礼のことばは、時にはかえって相手を恐縮させる。その意味では、それはごく親しい間柄での一種の思いやりと言えるかもしれない。ことばより心を大事にしてきた日本人として、お蝶さんもそれを素直に受け、「ああ、そう、ざまあみやがれ」と言って電話を切ったという。シャイな日本語の表現が世間で粋としてまだ通用していた時代のやりとりである。

小津映画で美術を担当した下河原友雄が、ある日、酒の席で、孤独についてしゃべりながら、つい調子に乗ってこんな発言をしたことがあるらしい。「年齢からいったって、お母さまも野田先生も居なくなられるってこと、ある訳でしょう、先に」と言うと、小津は案の定、窓の方に顔をそむけ、そのまま沈黙してしまったという。

そうして、ついに蓼科の野田の別荘「雲呼荘」に母堂の訃報が届いた。その時、小津は「ばばあ、とうとう、いっちまいやがったか」と、例によって乱暴な口を利いた後、庭の水道の蛇口から勢いよく水を出し、幾度も幾度も顔を洗い、夕餉の卓に向かいながら、一口ごとに、手にしたタオルでゴシゴシと顔を拭ったという。

一途で奔放な生き方

三重県立四中（のちの宇治山田中学）で小津と一緒だったという置塩高が、当時のこんなエピソードを紹介している。小津が隠れて映画を観に行ったことが発覚し、T舎監から「寄宿舎には置けない。寄宿舎を放り出されれば退学するのが慣例だ」と言われたことがあったらしい。その折の感情を小津は一生忘れなかったようだ。四十年後に、もういいだろうと会を開いて二人を逢わせようとしたところ、小津は「Tさんが出てくるんなら俺は出ない」と言い張って困らせたらしい。ここまでは頑固一徹とか執念深いとか言えばそれまでだが、小津はそれだけではない。「Tさんには恨み骨髄だが、そのT先生がもし打ちしおれた老体を俺の前に現わしたら、俺は困るんだ」と言う。そういう人間だったのだ。

里見弴の息子の山内静夫は『先生と私』という文章で、こんな逸話を披露している。鰻の好きな小津はよく仲間を連れて千住の「尾花」へ繰り込んだものらしい。「この店の大串の蒲焼は豪快そのもので、相当の鰻好きでも見ただけでゲンナリする」のだそうだ。そこの「お内儀がでっぷりと太って、いかにも大串の感じ」なので、「大串が来た」と言うと、小津は「可笑しがって笑いころげていた」という。笑うのも笑わせるのもよほど好きだったのだろう。

ある日、山内の父里見の古稀と、大仏次郎の還暦を祝う野球試合が後楽園で催された。小津はその試合中に守備で足を痛めながら、そのまま深夜三時まで飲酒を続け、翌日の診断でアキレス腱が切れていることが判明したらしい。その際、井上和男監督が背負って長谷の片山医院へかつぎ込んだが、手術に立ち会った偉丈夫の井上の方が脳貧血を起こしてぶっ倒れるというハプニングもあったという。小津にはそういう無茶な面もあり、感情の発露も異例の形をとる。

かわいがっていた俳優の高橋貞二の死んだその通夜では、「その悲しみを殆ど怒りに近い心でおさえようとしておられた」と書いている。その昔、山中貞雄が戦病死したと知った小津軍曹は突然口をつぐみ、そのまま数日間無言でいたらしく、そうやって悲しみに耐えている軍曹の背中を、戦友たちはじっと見ていたという。

新藤兼人は『俺はあとでいいよ』と題した短文で、潔癖、整頓、端正というものこそ「小津安二郎という人間の中味」だとし、「人生そのものから借りをなくする」のが彼の生活信条だとして、こういう美談を伝えている。引揚船で帰国する際に、みんながー日でも早く帰りたいと思うさなか、小津は「俺はあとでいいよ」と言って、せっかく「当ったクジを他人にふり代えた」というのだ。これはどうも実話のようで、田中絹代監督の映画『月は上りぬ』における小津の脚本に、安井昌二役の安井昌二がやっと自分のありついた就職先を、息子を頼りにしている老母が気の毒だと、友人に譲ってしまうところがある。ノックすると顔を出す仕掛けになっているらしい、軍隊の通称コンコン・ハウスでも、小津は潔癖に一人の女をまもりとおし、他人が女を替えても叱ったという。新藤はそんな逸話までわざわざ記し、小津という人間を知る上で欠かせないことだと書いている。

映画監督の澤村勉は『原節子さんの紀子』という文章で、こんな事実を報告している。昭和三十年を過ぎた頃のある日、蓼科で散歩している時、小津に「ああ、ベンさん、あの時はありがとう」と言われた。突然のことで何のことかわからず、きょとんとしていたが、昭和十七年にマニラで受けた親切について礼を言われていることがわかり、あまりにも律儀な小津のその人柄にすっかり感動したという。これも借りを残さない生き方と言って言えないこともなさそうだが、おそらく当人にそんな計算はなく、感じていたことをこの機にようやく口にしただけのことにすぎなかっただろう。いずれにせよ、小津という人間の一面を物語る逸話である。

こんなこぼれ話も伝えている。『麦秋』の件で、大船撮影所の所長から、原節子はギャラが高いから別の女優にするように言われたが、それならこの作品は中止すると言ってやった、電話の向こうから、そんな小津の昂奮した声が聞こえて来た。だから、すぐ近所の原節子の家に行って当人にそう伝えて来いという意味だったのだろう。澤村が早速その話を伝えると、原は、あたしはギャラが半分でもいいから小津さんの作品には出演したいと言ったらしい。小津にそう報告すると、小津は大喜びしたそうだ。『晩春』で発見した紀子のイメージにぴったりの俳優を今度も希望どおり起用できるという喜びだけでなく、金銭を度外視する原の心意気に感動したのだろう。

野田と二人、茅ヶ崎の旅館で『麦秋』のシナリオを書いている頃、原節子は結婚をどう考えているのだろうと、小津が澤村に問いかけたことがあったという。原の義兄にあたる映画監督の熊谷久虎と澤村が親しかったから、何か聞き知っているかと思ったのだろう。そこで、原がよく冗談のように、「もしあたしと結婚してくれる人がいるとしたら、子供がいて奥さんに死なれた人ぐらいね」と笑っていたことを伝えたそうだ。すると、それからしばらくして、小津は紀子のいいセリフが出来たよと言い、澤村の前で、「あたし四十にもなって、まだ一人でブラブラしてるような人って信用できないの。子供ぐらいある人の方が却って信頼できるのよ」と、原稿の紀子のセリフを自分で読んで聞かせ、そのあとに「ただし小津さんは別よ」と続くんだよと笑ったという。ちなみに、実際の『麦秋』では、「あたし、四十になってまだ一人でブラブラしているような男の人って、あんまり信用出来ないの。子供ぐらいある人の方がかえって信頼出来ると思うの」となっている。そっくりだが、どうやら小津さん云々のせりふは心の中にしまいこんだらしい。紀子のたしなみがうかがわれる。

小津のいる風景

なにしろ逸話の多い人物だから、人との交流の中にも話題の種は尽きない。あの日この日の小津の姿を、フラッシュ風に点描してみよう。

日記に、「桜むつ子尊父逝去の由、弔電を打つ」とあり、その二日後に、「尊父いまだ存命の由、過日の弔電甚だ失敗也」と出てくる。誰にでもある失敗だが、小津もやはりそうだったのかと、おかしい。同じく日記に、「諦め切れないものを思い切ってあきらめてサバサバした気持で雨の音を聞いたいつかのことがひょっくりこの頃になってなつかしまれることがある」などと、しみじみとした心境を記すかと思うと、「恋とは人生を極めて小さく区切るファインダーだ　シャッターをそう簡単に切ることはやめたまえ」などと、ウイットの利いた箴言めいた短章を記すこともある。一見、対照的だが、どちらも間違いなく小津の世界である。

座談会で山内静夫は、小津映画ではどの店の看板も同じ字体なんで気になったと述べている。どの作品でも小津が自分で書くからだという。自筆であれば似るのが当然だ。実際の店の看板はいろいろだから、気になるのはそういう現実を反映していないからだろう。しかし、糞は臭いというリアリズムを好まない小津としては、自分のイメージどおりの雰囲気をつくりあげることのほうが重要なのだろう。それに、突飛な文字の並ぶ珍奇な看板ではないから、一つの作品の中ではけっして不自然ではない。

山内はそこで、小津のこんな考え方をも紹介している。「ドラマを感情で現わしては説明にすぎない、性格や風格が表現できなくては芸術ではない、泣かさなくても悲しみの格調を出す、劇的な起伏を描かないで人生を感じさせる」そういう演出をめざしていたという。

こんなことをつぶやくこともあったらしい。「人生ではしばしば偶然が大きな役割を果たすといっても、せいぜい不味いメロドラマのシナリオの助太刀にしかならない」。むしろ、「人生の必然は退屈だよ、ねえ 君」と言われたこともあるらしい。

大庭秀雄は『独自な文体』という文章で、「お互いに品行はわるくてもいいが、品性だけはよくしよう」という有名な小津のことばには無理があり、その逆のほうが現実的だと述べている。たしかに、「品行」は表面に具体的に現れる行為をさすから、その場の考え方次第でどうにでもなるが、「品性」となると、生まれや躾けによって身につくものだから、自分の意志で簡単に直すわけにはいかない。おそらく小津は、品行が少々悪いぐらいは目をつぶるが、品性の悪い奴となるともうどうにもならないと考え、目に見える品行より、その人間にしみついた品性のほうを重く見たのだろう。

田中絹代は座談会でこんな発言をしている。監督が主演女優を愛さないと、作品に全然潤いが出てこないと言われるが、小津監督はまさにそうだったと振り返る。その頃はそんなことを知らないから、一時は「本当に私を愛して下さっているものだと」思い込み、結婚してもいいという気持ちになったこともあるそうだ。ところが、撮影が終わったら、バイバイという感じで、そういう雰囲気はすっかり消えてしまっていたという。

その絹代が小津映画『風の中の牝鶏』で演技賞に輝いた時、小津は独特の言い方で、「賞を貰ったからって、急にシバイがうまくなるもんじゃないんだよ、受賞した後が大事だ」と、手綱を引き締めたという。それはそのとおりなのだが、こういうタイミングでずばりと来るのが小津流なのだろう。

高峰秀子が『宗方姉妹』に出演した頃、すでに小津先生のおつむは「おぼろ月夜」状態だったそうだ。監督に甘やかされた秀子は、無邪気に「もう櫛なんかいらないね、ヘラで間に合う」などと当人をからかうほど、「野放図に甘えた」と、当時を振り返る。その後、秀子が成瀬巳喜男監督の『浮雲』で好演した折に、小津から「おほめの手紙」が届き、「早く四十歳になれ、そして俺の作品にも出ておくれ」と添えてあったという。が、自分がちょうどその年齢になる頃に小津先生は亡くなったと、断腸の思いを記している。

『麦秋』や『お茶漬の味』でアヤ役を好演した淡島千景は、小津を偲ぶ文章で、お尻の存在感にふれている。『早春』で、病気療養中の同僚の見舞いと称して、いつまでも帰らない夫のことを考えながら、「台所の板の間に腰かけてうちわを使っている姿を後ろから撮影」されるシーンで、自分の大きなお尻が映るのを照れていると、小津に、「ドッシリと奥さんの重みというものを感じさせるため家に根をおろしているという感じ」と指導されたらしい。そう聞いたとたん、お尻がもっと大きくてもいいなと思い直したという。

尻ついでに言えば、若尾文子はやはり小津を偲ぶ『真夜中の電話』という文章で、こんな思い出を語っている。「志摩半島の先端、ようやく明るさをましてきた大王崎の灯台を眺めながら」、小津は「君のいちばんいいトコ教えようか」と言った。一瞬緊張し、「目を輝かし」たら、「それはオ・シ・リ」という答え。その瞬間、「何というムザンな一言」と感じて愕然としたが、そのあと、「僕の好きだった人のにそっくりでね、その人を思い出させてくれるからさ」と言って、小津は真面目な顔で「コップをほした」という。「その人」が初恋の人なのかどうか、そのへんの具体的なところは不明である。

河原侃二は『新人監督時代』という文章で、「余計なことをするな。お前を写しているんじゃない、風景を写してるんだ」という小津の発言を記している。顔は能面でいい、演技をするなと指導した小津らしいことばで、達者ぶる役者をひどく嫌ったことがわかる。

時にはまったくの素人を画面に登場させることもある。最後となった『秋刀魚の味』の同窓会のシーンに、親しい医者で、首の腫れ物の最初の診察を受けた山王病院の緒方安雄博士も特別出演している。これは因縁めいた例であるが、それが常連となったのが、実業家として名を知られ、随筆もよくした菅原通済だろう。その当人が『芸術院賞のことなど』という文章に、こんな経緯を記している。東宝映画『風ふたたび』で、「生まれてはじめて映画というものに出演した」菅原は、原節子の出る場面での酔っぱらいぶりが、たまたま見学に来ていた小津の目に留まったのがきっかけで、以後たびたび小津映画に登場することになったらしい。ところが、当人の弁によると、酔っ払いぶりがいいと小津の眼鏡にかなったあのシーン、実は自分の演技ではなく、その時ほんとうに酔っていたのだという。それを小津が知ってか知らずにか、菅原の登場するのをいつもきまって酒席の場面とした。しかも、「私にだけは本物のお酒」を出したと、菅原は当時を振り返る。いよいよ死ぬ寸前と聞いて病院に駆けつけたら、小津は「通ちゃん、ガンモドキを食いたいな」と言って「ニヤリ」としたそうだ。自分が癌であることを知ってのこういう小津独特のユーモアに接し、菅原は葬儀にはわざと行かなかったという。行く気になれなかったにちがいない。

豆腐屋のガンもどき

若くして『浮草』に出演した若尾文子は、その後、「娘役の脱出期」にあたり、女優としての転換期に立って、あれこれ迷い始め、人知れぬ悩みもあったようだ。そんなとき、小津はユーモアを交えていろいろ助言したらしく、そのうち忘れられないこととして、こんなことばを記している。「リンゴの絵をかいていて、うまくいかないからといって、柿や桃をかき始めるようじゃダメだよ。うまくいってもいかなくても……。私はそういう人しか信用しない」という小津のことばは、一つの道をどこまでも貫き通すことが肝腎で、そうでなければ人間として信用できないことを意味している。

小津自身にとってのひとすじの道となれば、当然、あの小津流の映画ということになる。『戸田家の兄妹』と『宗方姉妹』、『晩春』『早春』、『麦秋』『秋日和』『彼岸花』、あるいは『お茶漬の味』と『秋刀魚の味』といった似たようなタイトルで、平山・間宮・佐竹・杉山といった姓、男では茂吉・周吉・幸一、女ではしげ・紀子・アヤ・節子といった名の役柄が何度も登場し、その配役に笠智衆・佐分利信・中村伸郎・原節子・三宅邦子・杉村春子らが似た役をくりかえし演じ、高橋とよが女主人を務める酒場に、店の客としてしばしば菅原通済が現れるため、どれがどれやら紛らわしくなる、あの独特の小津調の作品だ。

当人はそれをしばしば豆腐屋に喩える。牛原虚彦《きよひこ》は『「おっちゃん」が貫いた豆腐の味』と題する文章で、「一生涯かかって、ほんとうにうまいトウフをつくりたいんですよ。そのぼくにビフテキをやけ、トンカツをあげろってなことといったところで、どだい無理な注文なんですよ」という小津のことばを紹介している。「豆腐屋には豆腐しかできない」というのが口ぐせだったようだ。きまりきった小津映画の世界を、ワンパターンだとか、マンネリだとかと評し、もっとストーリー性の強い映画を期待する声がきっと大きかったのだろう。小津の「豆腐屋」の論調には、「豆腐しかできない」というよりも「豆腐しかつくらない」という強固な意志が感じられるのである。

銀座の並木座で小津安二郎週間が開催されたとき、もともと絵の好きだった小津は、そのプログラムの表紙に豆腐の絵を描き、今時の若い人に脂っこい物を注文されても、ビフテキを焼いたり、トンカツを揚げたり、そんな要望には応えられない、豆腐屋にできるのは、せいぜい油揚げか、がんもどきぐらいのものだ、そんな意味のことばをそこに書き散らしてあったという証言もある。

あれほど大事に思っていた母親に先立たれた、その翌年の春、その豆腐屋の頸部、耳の下あたりに腫れ物ができて、まず山王病院の緒方先生の診察を受けるために出かけたところ、ちょうどその病院に藤本真澄が検査入院中だったらしく、一階の喫茶室で二人はばったり。小津がコブができたので蓼科からやって来たと言うと、それを癌の前兆とも知らずに、藤本は「意地悪爺さんにコブが出来たな」と悪態をついたことを書き記している。その日、藤本が病院の夕食をとって休んでいるところに、小津から電話があり、「サネズミ君、上野でとんかつを食べて、いま銀座に居るから出て来たまえ」と誘われたという。検査前に病院を抜け出すわけにはいかず、その機会に「脱出」しなかったことを、藤本は「かえすがえすも心残りである」と悔やんでいる。

結局それが悪性の腫瘍とはっきり宣言されないまま、小津は築地の国立がんセンターに入院する。当時の院長は偶然にも小津の旧制中学の同窓生だったという。佐田啓二の

『看護日誌』には「新橋演舞場の建物が鼻さきに見える四階の病室」と記されている。その瘤を切除する際、小津がナンマイダを唱え出したので、佐田が、手術中に念仏なんて縁起でもないと注意しても、「痛くて痛くて、何か言ってないとたまらないんだ」と、なおも悶えながら念仏を続けたらしい。手術後に患部にコバルトとラジウムの針を刺す。小津はこれまで六十年生きてきて長いと感じたことは一度もないが、「針を入れられた一週間の長さときたら」、どうにも説明できないと、くりかえし言ったらしい。

瘤を切り取ってしまったということで互いにいくらか気が緩んだのかもしれない、佐田が冗談を装って、手当ての照射などを見ると、先生の病気はガンだったのかもしれませんねと言うと、小津はそんな時でさえ、「トウフばかりつくってきたんで、こんどはがんもどきの番か」と減らず口をたたいてみせたという。

見舞い客が一日に四、五十人ということもあり、一人五分以内と病院から時間制限を受けたという。そんな時、佐田との間で「随分入りがいいじゃないですか」「題名がよかったよ、がんセンターだからな」「ロングランしなきゃいけませんね」「ちょいと退院するわけにいかないね」といった、映画人らしい応酬もあったようだ。そして、そこを退院する時は、よし、これで終わった、この病院のセットはバラしてもいいぞ、そんな冗談をとばしたという話も聞く。いかにも映画監督らしいエピソードである。

帰れるというので随分はしゃいだらしい。「鎌倉の家に帰って、まず祝杯、糖尿のケがあるので日本酒ブドー酒は禁じられ」ていたため、ナポレオンを小さなグラスに三杯ほど飲んだら、以前は考えられなかったことに、「ゆでエビのように赤くなった」ので、佐田夫人が「そんな純情な先生みたことないわ」と言ったという。

人生が作品をまねる

病気のため結果として『秋刀魚の味』が最後の小津作品となったが、その次の作品の構想はすでにできあがり、ストーリーも大筋まとまっていた。小津の日記の昭和三十八年二月二十日水曜日の箇所に「晴」とあり、「次作品〈大根と人参〉に決める」と記している。そして、ノートにはその配役つきの人物相関図も書き残されており、作品の輪郭は想像がつく。

小津没後に、野田高梧・小津安二郎原案として渋谷実が監督を務め、同題の『大根と人参』として封切られた喜劇がある。乙羽信子・森光子・加賀まり子以外は小津映画のレギュラー俳優陣だが、作風はまるで違う。井上和男の解題によれば、小津好みの「ローアングルの構図を模倣し、小津ゆかりの俳優も勢揃いしているが、役者のテンションの高い演技や風俗描写など、渋谷実のオリジナルといっていい作品だ」という。事実、小津映画の世界とは別のものだという感想を抱く人が多かったようだ。

それでは、この作品で小津自身が描きたかった世界はどのようなものだったのだろうか。残された覚え書きから推測してみよう。野田が「分別ざかりの初老の男ふたりの喧嘩を中心にストーリーを進めた」と言う、その二人は笠智衆と佐分利信で、三宅邦子と田中絹代がそれぞれの妻の役。笠夫妻の息子役の吉田輝雄と、佐分利夫妻の娘役の岩下志麻との縁談に、岩下の友人役として新たに倍賞千恵子がからむ展開を予定していたらしい。仲人役に中村伸郎と沢村貞子の夫婦、笠の妹役に杉村春子と並べば、まさに小津映画の常連が顔をそろえた感がある。さらに、医者役として北龍二の名があり、やはり酒場の客としてか「通済」の名も記されている。『彼岸花』や『秋刀魚の味』の姉妹編とも言うべき作品になるはずだったと推測する人もあるようだ。

旧制高校時代の同級生である笠と佐分利という父親どうしが喧嘩をしている。その「喧嘩の場」に「徳利を麦酒瓶にもちかえる」というメモがあるから、口喧嘩だけではなく殴り合いも辞さないはずだった。だが、いくら喧嘩の最中でも、仲人を引き受けたやはり同窓生の中村伸郎は、そんな親の意向などを無視して、かまわず話をどんどん進めてしまう。

メモの最後に、人間、年をとってくると「物事に好奇心を失い、言わば貧すりゃ鈍するといった惰性的な道をいつの間にかいくよう」になり、「鈍する道をうかうかと行きながら、次第に円熟して行くと思い込む」といった小林秀雄のことばを記してあるところを見ると、どうやらそんな内容を主たるモチーフとして作中に盛り込む意図のあったことがうかがわれる。その中心的なテーマを動かすのが、メモに「佐分利、清濁のむ」「笠〈岡潔〉濁はのまない」と記された、対照的な人柄の笠智衆と佐分利信の対立である。

笠は定年退職間際の大学教授という想定で、最終講義の場面も用意されていたようだ。岡潔とあるのは、独力で多変数複素関数論を開拓した数学者の名だが、井上和男は、職を辞して「故郷に帰り、念仏三昧の日々を送るなど、その奇矯な言動が有名で、笠のイメージをその孤高に重ね合わせたのだろう」と、その意図を探っている。作中の笠は「全く融通のきかない頑固な奴だ」が、「近頃は融通のききすぎる奴が多すぎるから、あれも一つの稀少価値だ」という評価になるはずだったらしい。

また、メモには、最後に「NHK相撲の放送。大鵬と柏戸」とあるから、そのテレビの実況放送の画面を映してラストシーンとする予定だったと思われる。『お早よう』にも若秩父と北の洋の取組を映すテレビ画面が出てくるように、相撲好きの小津が相撲放送を撮影に取り上げるのは不思議でも何でもないが、ここで特にその一番を指定したことにはある意図があったような気がする。いわゆる柏鵬時代の横綱どうしの対戦として人気の高い期待の一番ということもあっただろうが、想像をたくましくすれば、笠智衆と佐分利信との対立を象徴しているようにも考えられるからである。相鋼のような肉体で真一文字の豪快な攻めに徹する、愚直なまでに直線的な柏戸と、相手の力を吸い込むような軟らかい体で攻守兼備の曲線的な大鵬、そういう対照的な相撲ぶりに、小津は、濁を認めない不器用な笠と、清濁併せ呑むタイプの佐分利、という性格も主義も好対照をなす二人の人間の生き方を重ね、それを瞬時に凝縮させた象徴的なフィナーレとしたかったのかもしれない。最後に添えられた「貧すりゃ鈍する」云々の小林秀雄のことばとも、どこかで響き合う感じがする。対照的なこの二人、腹の中では互いに相手を諒解しながら、なおも喧嘩を続ける。

しかし、ともあれこの映画は小津の手で実現することは叶わなかった。豆腐屋を自認した小津自身が「ガンもどき」と茶化した病魔にとりつかれ、再起できなかったからである。そういう重い事実を知った上で、あらためてこの『大根と人参』という幻の作品の覚え書きに目を移すと、冒頭近くに「ガンじゃないよ、カモだよ、アヒルだよ」というせりふのメモがあるのが気になる。そのあとに、「信、ガン――胃潰瘍」とあり、「言った方がいい」「言わない方がいい」という対立意見のメモ書きが続く。

「信」とあるのは、笠の友人の学者を演ずる「信欣三」のこと。つまり、その学者が癌に罹り、それを当人に告知すべきか否かという問題を、この映画の初めの方で取り上げるはずだったと思われる。奇しくも、その問題のせりふの「ガンだよ」に続く「カモだよ、アヒルだよ」の部分は、のちに小津自身が自分の病気を茶化してみせたあの「ガンもどき」というジョークを連想させる。鴨も家鴨も、雁と同じガンカモ科の水鳥だから、まさに「もどき」と言え、発想の面でその前身と見ることもできるだろう。とすれば、この小津作品も小津の実人生も、ともに深刻さを笑い捨てる痛切な響きを感じさせる。

大学ノートに記された覚え書きでは、この箇所に「何がいやしいかと言って人の不幸を喜ぶ程、人間としていやしいことはない」というゲーテのことばが引用されている。小津の正義感だろう。当時はほとんど死を意味した癌という病名を、当人に告知することの是非をめぐる問題が、この映画の最初の小主題として予定されていたことが推察できる。

この覚え書きは昭和三十八年の三月十五日前後に執筆されたものらしい。日記に、その月の十四日の十二時三十分発の白馬で蓼科に向かい、「酒宴」とあり、その日から二十七日にかけて、池田忠雄ともども野田の別荘に滞在している折、そこでも三人で次回作について話し合ったはずだから、メモもその時期に書かれたことは確かだろう。二十六日の日記に「佐田啓二に、頸部の腫物を医者に診て貰いたいと電話する」とあり、佐田の『看護日誌』にも同日に小津からそういう電話のあったことが記されているが、この種の腫物がある日突然生ずるわけはないし、事実、野田の『蓼科日記』の三月二十一日の分に、「先日来、小津君、首の右側に腫物の如きもの出来」とあるので、小津が異状に気づいて何となく気になっていたのは、さらに数日前からであったと推測される。

そうなると、小津自身の発病と、『大根と人参』のノートに小津が「ガンじゃないよ」という文字を記載した時期とが微妙に重なる可能性も出てきそうだ。だが、正月には蓼科で次回作の話が出て、癌の告知をめぐって「ゴタゴタ、ワイワイするのはどうだい」「いいだろう。イケるね」といったやりとりがあったこと、すでに人物関係も配役も決定し、いよいよ原稿に取り掛かろうとした矢先に腫物ができたんだと、野田が残念そうに話したことが佐田の『看護日誌』に載っている。事実、二月二十日には題名も決定したことを考えれば、やはり覚え書きの執筆が、癌の疑いが最初に小津の頭をかすめた時より確実に前であったと考えるのが自然だろう。

もしそうだとすれば、小津がこの作品で癌の問題を扱ったのはまったくの偶然であり、小津は自分の運命をその直前に次回作の中で予言したことになってしまう。この奇妙な事実を、貴田庄は、「実人生が芸術を模倣したかのようである」と記した。

干支ひとめぐりの夢

むろん小津も、それまで自分の死についてまったく考えなかったわけではない。昭和十三年執筆の『撮影に就ての《ノオト》』によると、敵地で、坊さんの兵隊に「頼むぜ、俺が死んだら、うまくお経上げてくれよな」と言ったこともあったらしい。するとその相手は、「よし、どっちに行きたい、地獄か極楽か」と聞くので、当然「極楽がいいな」と答えると、その坊さんは「そりゃ一寸無理だな。極楽に行くと友だちいねえぞ」と、小咄じみたことを言ったという。このやりとりは、どちらも軽口をたたいたにすぎず、死の翳などみじんもない、むしろ明るい挿話と言っていい。

また、昭和十四年三月六日に野田に宛てた航空便には、文面に「こんがりと焼けて白木の小箱のポータブルと相成り遠路わざわざ九段まで御足労相わずらわすことなくぴんしゃんしゃん生身にて御拝眉いたし度きものと存じ居候」とあったと伝えられる。遺骨となって靖国神社に祭られるよりも、という発想だが、これもおどけた書きぶりで、けっして暗い話ではない。

だが、病気が現実のものとなっては、さすがの小津もふざけているわけにはいかない。佐田啓二の『看護日誌』によると、築地の国立がんセンターを七月初めに退院し、一週間は順調だったようだが、間もなく右手にしびれが出て、それが次第にひどくなり、八月はほとんど寝たきりの生活だったという。佐田が、体力をつけなくてはと励まして何とか食べさせようとしても押し問答が続き、あれほど好物だった刺身も、生うにの類も、松阪育ちだけに食うだけでなく箸さばきもみごとに自分でつくっていたあのすきやきさえも受けつけなくなったそうだ。

また、以前は、田園調布の佐田啓二邸で「お前の所の徳利は、尻が洩っている」と言うのが口ぐせだったほど、酒には目のなかった小津が、今や「吸いのみにナポレオンを一滴落としたのを口にしただけで赤くなり、痛みが増すと訴えた。「それが最後のブランデーの味だった」と佐田は記している。

九月五日に、がんセンターから小津のほんとの病名を聞かされ、佐田は初めて四月十七日の小津の手術が癌細胞の摘出であったことを正式に知る。

小津はその後だんだん痛みが増し、家の外まで呻き声が聞こえるようになる。早く入院させなくてはと気は焦るが、当人はがんセンターに戻ることを拒否し続ける。十五日に、まだ長男の貴一（のちの俳優中井貴一）と一緒に写真を撮ったことがないからという口実をもうけて、小津の写真を撮っておこうとする。なぜ写真なんか撮るのだと勘ぐって小津は嫌な気持ちなのではないかと気を遣いながら、それでも佐田は「心を鬼にしてシャッターを切った」という。

鎌倉のかかりつけの医者に、よその病院には違った治療法があるだろうから、痛い痛いと弱気になっていないで、ファイトを出すよう小津を説得してもらい、ようやく十月十二日に、今度は御茶ノ水の東京医科歯科大学附属病院にふたたび入院。八階の十七号室に入る。あまりの唸り声で見舞い客が廊下で引き返すほど、激痛に悩まされた最後の闘病生活だったようだ。

小津のことだから、そんな状態でも、見舞いに来た人には努めて明るくふるまおうとしたのだろう。三井弘次が見舞いに現れた折、あいにく目の前で便意を催したらしい。とたんに大きな呻き声が聞こえたので、佐田がびっくりして、どうしたんです？とのぞいたら、当人は「ウンがブッブッいったからカムフラージュしたんだ」と消音効果を説明し、「擬音を入れたんだよ」と演出したこともあったという。

また、これで俺も一人前の豆腐屋になれたよ、なにしろ「ガンもどき」つくったんだからと得意の洒落をとばしてみせ、見舞い客に笑いかけることもしばしば。豆腐屋の喩え話がこんなふうに「落ち」がついて、相手が、笑っている場合ではないから、返すことばに困っていると、今度は腫れた頸部をたたいて、こう言ったそうだ。ことばの意味がやっとわかった、「ガンくび」。これが人生最後の洒落になったという。

佐田啓二すなわち中井寛一の夫人中井麻素子は『天国の先生』と題する追悼の文章で、こんなエピソードを披露している。松竹の大船撮影所の前で「月ヶ瀬」という食堂をやっていた伯父が病気で倒れ、姪の自分（当時は杉戸益子）が母親とともに京都から応援に駆けつけて店を手伝っていた頃、小津が店に現れたのが初対面で、人を寄せつけない怖い顔というのが第一印象だったという。実は、それが『長屋紳士録』の試写の日の夜で、隣の「三笠」で会食中にアメリカの検閲官と言い合いになり、席を蹴って一人でやって来たというのだから、凄い形相をしていたのも無理はない。

小津はそれから常連となってたびたび来店し、次第に親しくなって、いろいろ可愛がってもらったという。よく一緒にいるので父娘と間違われると、「冗談じゃない、俺は独身だ」と立腹。恋人みたいだと言われると、若く見られてご満悦の顔ながら、「こっちが六十になってみろ、君は三十五、半分より上になる。そんなババアは相手にしないぞ」と暴言を吐いたらしい。きっと照れ隠しだったのだろう。小津が「マスコ」と呼び捨てにする現場を見た監督の溝口健二は、年は違うがそんな仲かと勘違いしたらしく、「小津君は若い嫁サンをもらうらしい。何かお祝いをしなくては」と言っているという話を伝え聞いた小津は、すっかり興に乗り、そう思わせて「溝サンから、お祝いをせしめよう」と冗談を言ったそうだ。小津映画のワンシーンを髣髴《ほうふつ》とさせる模範演技であったのかもしれない。

そのくせ当人は、口ぐせのように「嫁を持たせたい」と言っている母親の期待を裏切り続け、「親には余り安心させない方が却って長生きする」などという妙な理屈を盾に独身を貫いているので、麻素子が佐田啓二と結婚の相談にうかがった時には反対されるのを覚悟していたという。ところが、小津は上機嫌で即座に賛成し、すぐに日取りも式場もきめて、独身の身で媒酌人まで引き受けた。張り切りすぎたのか、結婚式の夜遅くまで新郎新婦に酌をさせたのみならず、不粋にもその翌朝、「仲人だから新郎新婦を起こす義務がある」と電話し、仕事の都合で新婚旅行に発てない二人のためにドライブを計画したから今からハイヤーを差し向けると一方的に話を進めたらしい。その夫婦水入らずのはずの思い出の時間は、そこに小津も数人引き連れて参加したため、麻素子は「大観光団」の趣を呈した「大変なドライヴ」だったと証言している。

一回忌のスピーチで今日出海が、独身の半端ものを仲人にするとこんな残酷なことになると酷評したとおり、媒酌人としてはいささか個性的にすぎたようだが、むしろ親子に近い関係で、以後七年にわたり、本当の家族のように過ごしたように見える。夫婦の間にできた子供たちを小津は孫のように思っていたかもしれない。

七五三の前日、小津に選んでもらった着物を着て貴恵子（のちの中井貴恵）が佐田夫妻に連れられて病院に見舞いに行くと、小津は「貴恵ちゃん、きれいな着物だね、美人に見えるヨ」とうれしそうに言い、いっしょに「スーダラ節」と「幸福を売る男」を歌ったらしい。そうして、「貴恵子はおやじさんと握手してサヨナラと言った」と、佐田は『看護日誌』に記している。

そういううれしい行事のあった日から二週間足らずで、小津は呼吸困難に陥り、危篤状態に入ったという。二、三度呼吸がとまった折に、小津の弟が思わず「ニイサン」と呼ぶと、瀕死の病人が小さな声で「うるさいよ」と言ったらしい。当人としては、ことりと眠りに落ちる瞬間に引き止められたような感覚だったろうか。

『看護日誌』によると、十二月初め、誕生日に還暦を迎える祝いにと、佐田夫人はウールの羽織を誂えたらしい。それはチャコールグレーの無地に朱色の布で小津家の家紋の「剣酢漿《けんかたばみ》」をアップリケしたものだったようだ。ところが、十一日には容態が悪化し、野田が「覚えていたくない顔だ」と目をつぶるほど、小津の顔には死相があらわれていたという。そうして、十二日の昼、十二時四十分に死去。還暦のその日のために用意し、小津が「いいね」と楽しみにしていた羽織は、その亡骸の上にかぶせるほかはなかったそうだ。やがて解剖を経た小津は柩に入り、午後八時にようやく鎌倉に帰って来た。もみじの散りしく山道で、純白のかけ布の上に、小津の好きだった「赤い色をしたもみじが、二ひら、三ひら、散りかかった」と記し、佐田は『看護日誌』を結んでいる。

中村登は『小津さんと松竹監督会』と題する文章に、こんなことを記している。「皆で集まって騒ぐのが大好きという小津さんは、本当は大変な淋しがりやだったのかも知れない」と書き、晩年の入院後に、「佐田啓二の娘貴恵子ちゃんの描いた画を、壁いっぱいに貼って喜んでいた姿に、終生妻子を持たなかった小津さんの、深い孤独のかげを見たのは、私だけではなかったと思う」と続けた。ひょっとすると、小津映画は、日本人がもっとシャイで、人の情を解し、毅然としていた時代を懐かしんでいるのではなく、その「孤独のかげ」を紛らすために、ありたかった日本の姿を描いたのかもしれない。

小津家の先祖は今の三重県松阪の名門だったらしく、古典研究に大きな足跡を残した江戸時代の国学者、あの本居宣長も小津家から出、のちに改姓したのだという。安二郎自身は東京深川の生まれだが、江戸の下町情緒を色濃く残したその町も、大正十二年の関東大震災と昭和二十年三月の空襲により情景は一変。戦後になって小津は永代橋から東へは行きたがらなかったという。心にやきついている生地の情趣、それがすっかり変わり果てた姿を自分の目で見たくないという心境はよくわかる。

明治三十六年の十二月十二日に深川万年町に生を享けた安二郎は、昭和三十八年の同じ十二月十二日に世を去った。生誕・死亡ともに月も日も「十二」という数字をそろえて生涯にきちんとけじめをつけたことを小津らしいと思うかどうかは別として、単に誕生日と同じ日に死去したというだけでなく、それは還暦を迎える日でもあった、という事実はいささか象徴的である。自殺ではないから、いくら出来過ぎに見えても、むろん、これは当人のシナリオではない。

それはわかっているのに、満六十歳の誕生日、干支がちょうど一めぐりする間に、小津安二郎があわただしくこの世を駆け抜けたという劇的な事実に、なにか不思議なめぐりあわせのようなものを感じてしまう。ばかげたこととは知りながら、小津映画の放ったあの垢抜けた日本語のセンスにも似た、運命の粋なはからいをどうしても夢想してしまうのである。

今年も間もなくその日がやって来る。

『秋刀魚の味』（1962年・写真提供　松竹）

引用映画　主要配役一覧

『学生ロマンス　若き日』（昭和4年）　渡辺＝結城一朗　山本＝斎藤達雄
『大学は出たけれど』（昭和4年）　野本徹夫＝高田稔　野本町子＝田中絹代　母親＝鈴木歌子
　洋服屋＝日守新一　下宿のおかみ＝飯田蝶子
『突貫小僧』（昭和4年）　文吉＝斎藤達雄、鉄坊＝青木富夫　親分＝坂本武
『落第はしたけれど』（昭和5年）　高橋＝斎藤達雄　おかね＝二葉かほる　銀坊＝青木富夫
　教授＝若林広雄　小夜子＝田中絹代　大村＝横尾泥海男《でかお》　小池＝関時男　石川＝三倉博
　杉本＝月田一郎　服部＝笠智衆
『足に触った幸運』（昭和5年）　古川貢太郎＝斎藤達雄　妻俊子＝吉川満子　吉村＝関時男
『お嬢さん』（昭和5年）　お嬢さん＝栗島すみ子　岡本＝岡田時彦　キヌ子＝田中絹代
　俳優学校教師＝小倉繁　美青年＝毛利輝夫　その妻＝浪花友子
『美人哀愁』（昭和6年）　岡本＝岡田時彦　芳江＝井上雪子　美津子＝吉川満子
『東京の合唱《コーラス》』（昭和6年）　大村先生＝斎藤達雄　その妻＝飯田蝶子
『生れてはみたけれど』（昭和7年）　父親　吉井健之介＝斎藤達雄　母親＝吉川満子
　長男良一＝菅原秀雄　次男啓二＝突貫小僧　重役岩崎＝坂本武
『青春の夢いまいづこ』（昭和7年）　堀野哲夫＝江川宇礼雄　ベーカリーの娘お繁＝田中絹代
『また逢ふ日まで』（昭和7年）　女A＝岡田嘉子　男＝岡譲二　友達の女B＝伊達里子

『東京の女』（昭和8年）　姉＝岡田嘉子　弟＝江川宇礼雄　娘＝田中絹代
『非常線の女』（昭和8年）　時子＝田中絹代　襄治＝岡譲二
『出来ごころ』（昭和8年）　喜八＝坂本武　春江＝伏見信子　おとめ＝飯田蝶子
『浮草物語』（昭和9年）　喜八＝坂本武　おつね＝飯田蝶子　信吉＝三井秀男
『箱入娘』（昭和10年）　おつね＝飯田蝶子　おしげ＝田中絹代　喜八＝坂本武　荒田＝竹内良一
『東京の宿』（昭和10年）　喜八＝坂本武　善公＝突貫小僧　正公＝末松孝行
『大学よいとこ』（昭和11年）　天野＝笠智衆　西田＝小林十九二《とくじ》　下宿の亭主＝青野清
『一人息子』（昭和11年）　野々宮つね＝飯田蝶子　息子良助＝日守新一　杉子＝坪内美子
大久保先生＝笠智衆　おしげ＝高松栄子
『淑女は何を忘れたか』（昭和12年）　麹町のドクトル小宮＝斎藤達雄　牛込の重役杉山＝坂本武
そのマダム千代子＝飯田蝶子　田園調布の未亡人光子＝吉川満子
『戸田家の兄妹《きょうだい》』（昭和16年）　戸田家の母＝葛城文子　長女千鶴＝吉川満子
長男の妻和子＝三宅邦子　次男昌二郎＝佐分利信　二女綾子＝坪内美子
三女節子＝高峰三枝子　節子の友人時子＝桑野通子
『父ありき』（昭和17年）　堀川先生＝笠智衆　息子良平＝佐野周二　平田先生＝坂本武
ふみ子＝水戸光子　和尚＝西村青児
『長屋紳士録』（昭和22年）　おたね＝飯田蝶子　幸平＝青木放屁　喜八＝坂本武
『風の中の牝鶏《めんどり》』（昭和23年）　雨宮修一＝佐野周二　妻時子＝田中絹代

『晩春』（昭和24年）　曾宮周吉＝笠智衆　娘紀子＝原節子　周吉の妹田口まさ＝杉村春子
服部昌一＝宇佐美淳　北川アヤ＝月丘夢路　小野寺譲＝三島雅夫
妻きく＝坪内美子　娘美佐子＝桂木洋子　三輪秋子＝三宅邦子
『宗方姉妹《きょうだい》』（昭和25年）　宗方忠親＝笠智衆　長女節子＝田中絹代　次女満里子＝高峰秀子
田代宏＝上原謙　真下頼子＝高杉早苗　三村亮助＝山村聰　内田＝斎藤達雄
「三銀」の亭主＝藤原釜足　「三銀」の女中＝堀越節子　「三銀」の客＝河村黎吉
『麦秋』（昭和26年）　間宮周吉＝菅井一郎　妻志げ＝東山千栄子　長男康一＝笠智衆
その妻史子＝三宅邦子　康一の妹紀子＝原節子　康一の長男実＝村瀬禅
次男勇＝城沢勇夫　周吉の兄茂吉＝高堂国典　田村アヤ＝淡島千景
矢部謙吉＝二本柳寛　その母たみ＝杉村春子　安田高子＝井川邦子
高梨マリ＝志賀真津子　佐竹宗太郎＝佐野周二　田村のぶ＝高橋豊子
『お茶漬の味』（昭和27年）　佐竹茂吉＝佐分利信　妻妙子＝木暮実千代　山内節子＝津島恵子
岡田＝鶴田浩二　雨宮アヤ＝淡島千景　夫東一郎＝十朱久雄　黒田高子＝上原葉子
『東京物語』（昭和28年）　平山周吉＝笠智衆　妻とみ＝東山千栄子　長男幸一＝山村聰
その妻文子＝三宅邦子　その長男実＝村瀬禅　次男勇＝毛利充宏
周吉の長女金子志げ＝杉村春子　その夫庫造＝中村伸郎
周吉の次男の未亡人平山紀子＝原節子　周吉の三男平山敬三＝大坂志郎
周吉の次女平山京子＝香川京子　沼田＝東野英治郎

おでん屋の女主人加代＝桜むつ子　隣家の細君＝高橋豊子
『早春』（昭和31年）　杉山正二＝池部良　妻昌子＝淡島千景　金子千代＝岸恵子　青木＝高橋貞二
小野寺＝笠智衆　河合＝山村聰　田村＝宮口精二　妻たま子＝杉村春子
昌子の母親北川しげ＝浦辺粂子　服部＝東野英治郎　坂本＝加東大介
富永栄＝中北千枝子　荒川＝中村伸郎　岡崎＝永井達郎
『東京暮色』（昭和32年）　杉山周吉＝笠智衆　次女明子＝有馬稲子　長女の沼田孝子＝原節子
その夫沼田康雄＝信欣三　相馬＝中村伸郎　その妻（周吉の元妻）喜久子＝山田五十鈴
川口登＝高橋貞二　木村憲二＝田浦正巳　周吉の妹の竹内重子＝杉村春子
下村義平＝藤原釜足　富田＝須賀不二夫
『彼岸花』（昭和33年）　平山渉＝佐分利信　妻清子＝田中絹代　長女節子＝有馬稲子
次女久子＝桑野みゆき　谷口＝佐田啓二　佐々木初＝浪花千栄子　娘幸子＝山本富士子
三上周吉＝笠智衆　娘文子＝久我美子　河合＝中村伸郎　堀江＝北龍二
近藤＝高橋貞二　曽我＝十朱久雄　長沼＝渡辺文雄　「若松」の女将＝高橋とよ
『お早よう』（昭和34年）　林敬太郎＝笠智衆　妻民子＝三宅邦子　長男実＝設楽《したら》幸嗣
次男勇＝島津雅彦　有田節子＝久我美子　原口みつ江＝三好栄子　娘きく江＝杉村春子
その夫辰造＝田中春男　その息子幸造＝白田肇　大久保善之助＝竹田法一　妻しげ＝高橋とよ
富沢汎＝東野英治郎　妻とよ子＝長岡輝子　丸山みどり＝泉京子　福井平一郎＝佐田啓二
その姉加代子＝沢村貞子　押し売りの男＝殿山泰司

『浮草』（昭和34年）嵐駒十郎＝中村鴈治郎　すみ子＝京マチ子　加代＝若尾文子
本間お芳＝杉村春子　その息子清＝川口浩　梅廼家の八重＝賀原夏子

『秋日和』（昭和35年）三輪秋子＝原節子　娘アヤ子＝司葉子　亡夫の兄三輪周吉＝笠智衆
後藤＝佐田啓二　間宮＝佐分利信　妻文子＝沢村貞子　田口＝中村伸郎
妻のぶ子＝三宅邦子　娘洋子＝田代百合子　平山＝北龍二　息子幸一＝三上真一郎
佐々木百合子＝岡田茉莉子　父芳太郎＝竹田法一　後妻ひさ＝桜むつ子
桑田栄＝南美江　杉山＝渡辺文雄　女将とよ＝高橋とよ　高松重子＝千之赫子《ちのかくこ》
『小早川《こはやがわ》家の秋』（昭和36年）小早川万兵衛＝中村鴈治郎　秋子＝原節子　久夫＝小林桂樹
文子＝新珠三千代　正夫＝島津雅彦　紀子＝司葉子　佐々木つね＝浪花千栄子
娘百合子＝団令子　北川＝加東大介　磯村＝森繁久彌　山口＝山茶花究　丸山＝藤木悠
農夫＝笠智衆　農婦＝望月優子

『秋刀魚の味』（昭和37年）平山周平＝笠智衆　娘路子＝岩下志麻　長男幸一＝佐田啓二
その妻秋子＝岡田茉莉子　河合＝中村伸郎　妻のぶ子＝三宅邦子　堀江＝北龍二　妻タマ子＝
環三千世　佐久間＝東野英治郎　その娘伴子＝杉村春子　三浦＝吉田輝雄　坂本＝加東大介
「かおる」のマダム＝岸田今日子　「若松」の女将＝高橋とよ　田口房子＝牧紀子

『月は上りぬ』（昭和30年　監督は田中絹代）浅井茂吉＝笠智衆　娘節子＝北原三枝
安井昌二＝安井昌二

参照文献

日本シナリオ文学全集7『小津安二郎・野田高梧集』(理論社　一九五六)
里見弴『秋日和』(角川書店　一九六〇)
佐藤忠男『小津安二郎の芸術』(朝日新聞社　一九七一)
井上和男・山内静夫・下河原友雄ほか編『小津安二郎・人と仕事』(蛮友社　一九七二)
ドナルド・リチー著　山本喜久男訳『小津安二郎の美学』(フィルムアート社　一九七八)
『古きものの美しい復権　小津安二郎を読む』(フィルムアート社　一九八二)
蓮實重彥『監督　小津安二郎』(筑摩書房　一九八三)＊増補決定版　二〇一六
井上和男編『小津安二郎作品集』全4巻(立風書房　一九八三〜八四)
中村明編『表現のスタイル』(講座　日本語の表現4)(筑摩書房　一九八四)
『リブロ・シネマテーク　小津安二郎「東京物語」』(リブロポート　一九八四)
浜野保樹『小津安二郎』(岩波書店　一九九三)
川本三郎『映画の昭和雑貨店』(小学館　一九九四)
川本三郎『続・映画の昭和雑貨店』(小学館　一九九五)
川本三郎『続々・映画の昭和雑貨店』(小学館　一九九七)
貴田庄『小津安二郎の食卓』(芳賀書店　二〇〇〇)

田中眞澄編『小津安二郎「東京物語」ほか』（みすず書房　二〇〇一）
井上和男編『小津安二郎全集』上・下（新書館　二〇〇三）
千葉伸夫『小津安二郎と20世紀』（国書刊行会　二〇〇三）
貴田庄『監督小津安二郎入門　40のQ＆A』（朝日新聞出版　二〇〇三）
『東京人』195号　特集「小津安二郎」（都市出版　二〇〇三）
貴田庄『小津安二郎文壇交遊録』（中央公論新社　二〇〇六）
『考える人』特集「小津安二郎を育てたもの」（新潮社　二〇〇七冬号）
中野翠『小津ごのみ』（筑摩書房　二〇〇八）
貴田庄『原節子　あるがままに生きて』（朝日新聞出版　二〇一〇）
『ユリイカ』636号　総特集「小津安二郎」（青土社　二〇一三）
森まゆみ『女のきっぷ』（岩波書店　二〇一四）

文庫版への「あとがき」

本書は、二〇〇七年四月に明治書院から刊行された著書『小津の魔法つかい』を原本とする。その本はこんな偶然から生まれた。刊行前年正月のとある夕べ、東京會舘の八千代という和食の店に招かれ、明治書院の当時の新社長三樹敏氏らにご馳走になった。食後の散歩がてら帝国ホテルまでぶらぶら歩き、十七階の高級スナックバーで、皇居まわりの夜景を楽しみつつ、しばらく清談の時を過ごした。それがいつか映画の話になり、西野義治専務ののめりこんでいる小津映画をめぐって話が盛り上がった。その間、どういう紆余曲折を経たのか酒に聞いてみたいが、気がついたら小津映画の日本語表現についてどうやら本を一冊書くという約束をしたらしい。

若い頃に鑑賞してはなぜか心に残っている小津作品について、映画に関してはずぶの素人である自分が勝手な感想を書きちらした日本語エッセイが一冊にまとまるなんて夢みたいな話だと思ったような気もする。笠智衆・佐分利信や田中絹代・原節子・

杉村春子らと急に知り合いにでもなるような酔い心地でうっとりと引き受けたのかもしれない。

小津の残した言語遺産の解説を試みたその本から十年ひと昔を経た今、その後に得た知見を含めてより充実した内容とし、テーマがすっきりと映る、より洗練された形の決定稿をめざして改稿に挑んだ。但し、小津映画そのものに関してはDVD版により、特に『晩春』以降の作品をくりかえし鑑賞したが、技術的・時間的な制限から、用例採集や言語調査にあたっては基本的に全集等のシナリオに依拠する方針はそのまま維持した。小津映画の場合、俳優の自由裁量の余地がほとんどなかったとされ、大きな問題はないはずである。

まずは書名、耳で聞くとアクセント次第で一瞬ボームの児童小説を連想する紛らわしい旧書名を、内容を素直に反映するオーソドックスなタイトルに改めた。内容については、小津映画のことばの粋を醸しだす日本語の芸、郷愁とユーモア、その底に横たわる小津安二郎という人間独特の美的センスと品格、そういった本書のテーマを浮き彫りにするため、全体を大きく再編して、そこに直接関連しない記述を割愛し、直結する問題に関してはその後に得た知見を含め大幅な加筆をほどこした。

それにしても、恥じらいを知っていた時代の日本の風景、家庭の温かさや人への思いやり、礼儀正しさ、しゃきっとした姿勢や立居振舞の美しさなど、不粋になった日本社会が失いつつあるものが小津映画の世界に満ち溢れていたことに今あらためて驚く。日本人の品格とゆとり、美しい日本語の表現を取り戻したいと願う多くの人びとに、本書がささやかな刺激となり、考えるヒントをそれとなく与えることとなれば望外の悦びである。

今回、「ちくま文庫」の一冊に入ることになったのは、ひとえに筑摩書房編集部の大山悦子さんのお力による。同氏は、一九九七年刊行のちくま学芸文庫版『作家の文体』以来、たびたびお世話になっている二十年来の知友である。このたび本書の編集実務にあたられ、綿密かつ的確な指示を下さった豊島洋一郎氏ともども、心より深い感謝の意を申し述べる。念願かなって安野光雅画伯に装画・デザインをお引き受けいただけたのも夢のようなことである。頬をつねってみようか知らん？

二〇一七年正月　　東京小金井市の自宅にて　　中村　明

本書は平成19年4月に明治書院より刊行された
『小津の魔法つかい——ことばの粋とユーモア』
を改題し、本文も大幅に改訂した。

ちくま文庫

小《お》津《づ》映《えい》画《が》　粋《いき》な日《に》本《ほん》語《ご》

二〇一七年二月十日　第一刷発行

著　者　中村明（なかむら・あきら）

発行者　山野浩一

発行所　株式会社　筑摩書房
東京都台東区蔵前二―五―三　〒一一一―八七五五
振替〇〇一六〇―八―四一二三

装幀者　安野光雅

印刷所　中央精版印刷株式会社

製本所　中央精版印刷株式会社

乱丁・落丁本の場合は、左記宛にご送付下さい。
送料小社負担でお取り替えいたします。
ご注文・お問い合わせも左記へお願いします。
筑摩書房サービスセンター
埼玉県さいたま市北区櫛引町二―六〇四　〒三三一―八五〇七
電話番号　〇四八―六五一―〇〇五三

ISBN978-4-480-43427-2 C0195